JN217268

くり返し作りたい

# 一生もの野菜レシピ

いつもおなじみの
野菜が
もっとおいしくなる
152品

石原洋子

# 目次

## 野菜メモ

──── この本の使い方 ────

●小さじ1＝5mℓ、大さじ1＝15mℓ、カップ1＝200mℓです。●火加減は特に表示がない場合は「中火」です。●野菜の「洗う」「皮をむく」「ヘタをとる」などは省略しています。●レシピ上の「しょうゆ」は濃口しょうゆ、「塩」は自然塩、「小麦粉」は薄力粉です。●レシピ上の「だし」は、昆布と削り節でとった和風だしのことです。市販のだしを使用する場合は、表示通りに溶いて使用。ただし、塩分を含んでいるものもあるので、その場合は塩の量を控えてください。●電子レンジの加熱時間は600Wの目安です。500Wの場合は、加熱時間を1.2倍に、700Wの場合は0.8倍を目安にしてください。●オーブンは予熱してからお使いください。●電子レンジ、オーブントースター、オーブン、ミキサー、魚焼きグリルは機種によって加熱時間が異なります。取扱い説明書の指示に従い、様子を見ながら調整してください。●レシピ上の「フライパン」は、直径26cmのもの、「小さめのフライパン」は22cmのものを使用しています。

# はじめに

毎日たっぷり食べたいのは野菜料理です。

栄養価が高いから、カロリーが低いから……理由はいろいろありますが、

何より「おいしい！」というのが一番の理由ではないでしょうか。

野菜のおいしさは多彩です。

生のまま食感を楽しみたいもの、加熱すると甘みが強くなるもの、

油と調理するとよりおいしくなるもの……。

野菜によってそれぞれの楽しみ方があり、

また同じ野菜でもいくつものおいしさがあります。

切り方ひとつでも味わいが変わり、火の通し方で食感が変化するのも野菜ならでは。

そしてそれを知っていたら、もっとおいしく野菜を食べることができます。

この本では、野菜の特徴や持ち味を紹介し、

それぞれの野菜を本当においしく食べる料理をご紹介しました。

「あの野菜といえば、あの料理！」という絶対にはずせない野菜の定番料理から、

逆に意外なおいしさが味わえる食べ方、

なんてことないけれどくり返し作りたくなるおかずまで、

一生使える野菜レシピばかりです。

おいしい野菜料理を楽しむための手助けとして、この本をぜひご活用ください。

第一章

いろいろ野菜で
おいしい料理、
野菜1つの
おいしい食べ方

春のサラダ

## グリーン野菜のシーザーサラダ

← 作り方 P10

# メキシカンサラダ

← 作り方 P10

# 炒めきのこと根菜の水菜サラダ

← 作り方 P11

冬のサラダ

## 白いホットサラダ

← 作り方 P11

春のサラダ

# グリーン野菜のシーザーサラダ

ゆでる野菜は、1つの湯に火の通りにくい順から入れてゆでます。この場合は、アスパラガス、スナップえんどうを先に入れ、そら豆は後から加えます。

葉野菜は冷水につけてみずみずしく生き返らせ、水けをしっかりときります。

## 作り方

1 アスパラガスは根元1cmを切り落とし、根元5cmほどの皮をむき、3cm長さに切る。スナップえんどうは筋をとる。そら豆はさやから出し、薄皮をむく。熱湯にアスパラガス、スナップえんどうを入れ、1〜2分したらそら豆を加え、1分したらゆで上げ、流水で冷まして水けをきる。

2 ロメインレタスは一口大にちぎり、冷水に3分ほどつけてパリッとさせ、ざるに上げて水けをきる。

3 ベーコンは1cm幅に切り、フライパンでカリカリになるまで焼く。卵は熱湯に入れて6分ゆで、水にとって殻をむく。

4 ボウルに1、2と3のベーコンを入れ、混ぜ合わせたドレッシングであえる。

5 器に盛り、ゆで卵は2〜3等分に割ってのせ、チーズを削って散らす。スナップえんどうはさやを開くときれい。

シーザーサラダの定番野菜、ロメインレタスにさや豆とアスパラガスを加え、春満載にしました。半熟卵を全体にからめ、ドレッシングのようにして食べます。

## 材料（2人分）

アスパラガス ——— 3〜4本
スナップえんどう ——— ½パック
そら豆 ——— さやつき300g（正味60g）
ロメインレタス ——— 1〜2枚（80g）
ベーコン ——— 2枚（30g）
卵 ——— 2個
ドレッシング
　粒マスタード ——— 大さじ1
　塩 ——— 小さじ½
　こしょう ——— 少々
　レモン汁 ——— 小さじ1
　オリーブ油 ——— 大さじ1½
パルミジャーノチーズ（スライス）——— 20g

夏のサラダ

# メキシカンサラダ

ゆでる野菜のカサが少ないときは、少なめの湯で蒸し煮にするとうまみが逃げないのでおすすめ。火の通りにくい、いんげん、とうもろこし、オクラの順に。オクラは長いまま蒸し煮に。

## 作り方

1 とうもろこしは実を削ぎとる。さやいんげんは1cm幅に切る。オクラはガクをとり、塩（分量外）でもんで流水で洗う。

2 鍋にカップ½の熱湯を沸かし、さやいんげんを入れ、ふたをして2分ほど弱火で蒸し煮にする。とうもろこしを加え、その上にオクラをのせ、ふたをして2〜3分蒸し煮にする。粗熱をとり、オクラは1cm幅に切る。

3 トマトは1cm角に切り、玉ねぎはみじん切りにする。アボカドは種と皮をとり除き、1cm角に切る。

4 ドレッシングの材料を混ぜ合わせ、2、3をあえる。

プチプチ、コリコリ、ネバネバ……の歯応えが楽しく、ピリッとした辛みがクセになるサラダです。とうもろこしの粒の大きさに合わせて他の野菜を切るのがコツ。

## 材料（2人分）

とうもろこし ——— 1本（正味150g）
さやいんげん ——— 5〜6本
オクラ ——— 4本
トマト ——— 1個
玉ねぎ ——— ¼個
アボカド ——— 小1個（正味100g）
ドレッシング
　オリーブ油 ——— 大さじ2
　酢 ——— 大さじ1
　塩 ——— 小さじ⅓
　チリパウダー、レモン汁 ——— 各小さじ1
　こしょう ——— 少々

秋のサラダ

# 炒めきのこと根菜の水菜サラダ

**作り方**

1 水菜は4〜5cm長さに切り、冷水に5分ほどつけ、水けをきって器に盛る。

2 ごぼうはタワシできれいに洗い、粗めのささがきにして水に5分ほどつけ、水けをきる。れんこんは5mm厚さの輪切りにし、さっと水を通して水けをきる。

3 しめじは石づきをとって小房に分け、しいたけは石づきをとって4等分に切る。

4 フライパンにオリーブ油、にんにく、赤唐辛子を入れて弱火にかけ、香りが出たら**2**を入れ、中火で2分ほど炒める。**3**を加え、強めの中火でさらに2分ほど炒める。きのこに焼き色がついたら鍋肌からしょうゆを回し入れ、塩、こしょうで調味する。

5 **1**に**4**をのせ、レモン汁をかけ、食べるときに混ぜる。

きのこは一度水分が出てきてもそのまま炒め続け、焼きつけるように炒めると、うまみがアップします。

秋の味覚、きのこと根菜を炒め、水菜の上にどっさりのせました。根菜は炒めて香ばしさを出し、きのこはうまみを引き出します。レモンをキュッと搾ってどうぞ。

**材料（2人分）**

水菜 ———— ⅓袋 (75g)
ごぼう ———— 小1本
れんこん ———— 100g
しめじ ———— 1パック (100g)
しいたけ ———— 細いもの4枚
にんにく (つぶす) ———— 1かけ
赤唐辛子 (種をとる) ———— 1本
オリーブ油 ———— 大さじ2
しょうゆ ———— 大さじ1
塩、こしょう ———— 各少々
レモン汁 ———— 大さじ½

冬のサラダ

# 白いホットサラダ

**作り方**

1 じゃがいもは1.5cm厚さのいちょう切りにする。かぶは茎を切り落とし、縦半分に切って1cm厚さに切る。カリフラワーは小房に分ける。白菜は縦半分に切り、2cm幅に切る。

2 ドレッシングを作る。小さい耐熱容器にクリームチーズを入れ、ラップをかけずに電子レンジで10秒加熱し、牛乳で伸ばし、残りの材料を加えて混ぜる。

3 鍋にじゃがいも、水カップ½、塩少々（各分量外）を入れ、ふたをして火にかける。煮立ったら弱火で8〜10分蒸しゆでにし、竹串がスーッと通るくらいやわらかくなったらカリフラワーを加え、2分ほどしたらかぶを加え、かぶに竹串が通るくらいまでさらに1〜2分蒸しゆでにする。

4 器に白菜を盛り、**3**をのせ、**2**をかける。

チーズは電子レンジで加熱してやわらかくし、牛乳を少しずつ加えてのばし、なめらかなソースにします。

かぶはくずれやすいので、火を通しすぎないよう注意しましょう。

ホクホクのじゃがいも、ほくっと口の中でくずれるカリフラワー、ジューシーなかぶ、生の白菜。ほのかな酸味のあるクリームソースがおいしくまとめます。

**材料（2人分）**

じゃがいも ———— 1個
かぶ ———— 2個
カリフラワー ———— ¼個
白菜 ———— 1枚 (100g)
ドレッシング
  クリームチーズ ———— 50g
  牛乳 ———— 大さじ2
  レモン汁 ———— 小さじ1
  塩 ———— 小さじ⅓
  こしょう ———— 少々

# 中華風ラタトゥイユ

野菜は大きさを揃えて切ると、食べやすく、見た目もきれいになります。

牛肉は色が変わるまでしっかりと炒めると、煮たときにアクが出にくくなります。

豆板醤は、炒めて香りと辛みを出す。中央をあけて豆板醤のみを炒めてから、全体に混ぜ合わせます。

煮くずれやすいトマトは最後に加え、ざっと混ぜます。

## 作り方

1　なすは一口大の乱切り、ズッキーニは1.5cm幅の輪切り、トマトは6〜8等分のくし形切りにする。ねぎは3cm長さのぶつ切りにする。牛肉は大きいものは一口大に切る。合わせ調味料は混ぜ合わせる。

2　フライパンにサラダ油を熱し、にんにく、しょうが、ねぎを入れて弱火で炒め、香りが出たら牛肉を加えてほぐしながら中火で炒める。肉の色が変わったら、中央をあけて豆板醤を入れて炒め、香りが出たら、なす、ズッキーニを加えて2〜3分炒める。

3　全体に油が回ったら甜麺醤を加え、香りが出たら合わせ調味料、トマトを加えてざっと混ぜる。煮立ったらふたをし、弱火でときどき混ぜながら、10分ほど蒸し煮にする。

ラタトゥイユに使う野菜を
甘辛中華味に仕上げたら、
ごはんが進むおかずに変身。
野菜の水分だけで蒸し煮にするので、
うまみがギュッと凝縮しています。

## 材料（2人分）

| | |
|---|---|
| なす | 3本 |
| ズッキーニ | 1本 |
| トマト | 2個 |
| ねぎ | ½本 |
| にんにく（つぶす） | ½かけ |
| しょうがの薄切り | ½かけ分 |
| 牛切り落とし肉 | 150g |
| 合わせ調味料 | |
| ┌ 酒、しょうゆ | 各大さじ1 |
| │ 砂糖 | 小さじ1 |
| └ こしょう | 少々 |
| サラダ油 | 大さじ1 |
| 豆板醤 | 小さじ½ |
| 甜麺醤 | 大さじ1 |

# せん切り野菜炒め

野菜は太さを揃えてせん切りにすると食べやすく、口当たりがよくなります。

豚肉はずっと炒めているとかたくなるので、いったんとり出し、最後に戻して温めます。

作り方

1 もやしはひげ根をとる。玉ねぎは縦3〜4mm幅に切る。にんじんは3〜4mm幅の細切りにする。ピーマンはヘタと種をとり、縦3〜4mm幅に切る。にらは5cm長さに切る。えのきだけは根元を落とし、長さを半分に切ってほぐす。豚肉は7〜8mm幅に切り、Aをからめ、炒める直前に片栗粉をまぶす。合わせ調味料を混ぜ合わせる。

2 中華鍋またはフライパンにサラダ油大さじ½を熱し、豚肉を入れ、ほぐしながら炒め、色が変わったらとり出す。

3 2の鍋をきれいにしてサラダ油大さじ1を熱し、にんじん、玉ねぎを入れ、中火でさっと炒める。強火にし、もやし、ピーマンを入れ、ふたをしてときどき混ぜながら1分ほど蒸し炒めにし、えのきだけ、にらを加え、塩、こしょうをふってさっと炒める。2の豚肉を戻し入れ、合わせ調味料を加えて炒め合わせる。レタスを添え、包んで食べる。

いろいろな野菜を炒め合わせると、うまみと食感の相乗効果が生まれることを実感するレシピです。コツは歯応えが残る程度に炒めること。レタスに包んでパクリとどうぞ。

## 材料（2人分）

| | |
|---|---|
| もやし | 小1袋（150g） |
| 玉ねぎ | ¼個 |
| にんじん | ⅓本 |
| ピーマン | 2個 |
| にら | ½束（50g） |
| えのきだけ | 小1袋（100g） |
| 豚こま切れ肉 | 100g |
| A ┌ 塩 | 少々 |
| └ 酒 | 小さじ1 |
| 片栗粉 | 小さじ1 |
| 合わせ調味料 | |
| ┌ 酒、しょうゆ | 各大さじ½ |
| │ オイスターソース、片栗粉 | 各小さじ½ |
| サラダ油 | 大さじ1½ |
| 塩 | 小さじ¼ |
| こしょう | 少々 |
| レタス | 適量 |

# 根菜カレー

根菜をごろごろと大きく切って
加えた滋味深いカレー。玉ねぎを
あめ色になるまでじっくり炒め、
甘みとコクを出すと
本格的なおいしさが味わえます。

鍋底についた焦げに水を
かけ、木ベラでこそげて玉
ねぎに移すように炒めます。
これが甘みの素になります。

カレー粉は香りを出すた
めに炒め、小麦粉は全体
になじませてとろみにしま
す。

煮くずれやすいさつまいも、
すぐに煮えるトマトは後か
ら加えます。

## 作り方

1 ごぼうは皮をタワシできれいに洗い、縦半分3cm長さに切り、水に5分ほどつけ、水けをきる。れんこんは7〜8mm厚さの半月切りにし、さっと水に通し、水けをきる。さつまいもは皮つきのまま1.5cm厚さの輪切りにする。にんじんは1cm厚さの輪切りにし、太い部分は半月切りにする。トマトは1cm角に切り、玉ねぎは薄切りにする。

2 フライパンにサラダ油を熱し、玉ねぎを入れ、ふたをしてときどき混ぜながら強めの中火で蒸し炒めにする。しんなりしてきたら（約5分）さらに炒め、鍋底に薄く焦げ色がついてきたら、水少々（分量外）を加え、木ベラでこすって玉ねぎに焦げを移す。これを繰り返し、あめ色になるまで計15分ほど炒める。

3 2のフライパンにバター、にんにく、しょうがを加えて炒め、香りが出てきたら合いびき肉を加えて炒める。色が変わったら、にんじん、ごぼう、れんこんを加えて炒め、油が回ったらカレー粉をふり入れ、香りが出てきたら小麦粉を加えてさらに炒める。

4 小麦粉が少し色づいてきたら、分量の水を加え、鍋底をこする。煮立ったら、さつまいも、トマト、ローリエを加え、ふたをしてときどき混ぜながら、弱火で20分ほど煮る。

5 Aを加えて調味し、ふたをして約10分煮る。野菜がやわらかくなり、味がなじんだら、でき上がり。器に盛ったごはんにかける。

## 材料（3〜4人分・作りやすい分量）

| | |
|---|---|
| ごぼう | ½本 |
| れんこん | ½節 (100g) |
| さつまいも | ⅔本 (150g) |
| にんじん | ⅔本 |
| トマト | 1個 (150g) |
| 玉ねぎ | 1½個 (300g) |
| 合いびき肉 | 200g |
| おろしにんにく、おろししょうが | 各小さじ1 |
| サラダ油 | 大さじ1 |
| バター | 大さじ1 |
| カレー粉 | 大さじ2 |
| 小麦粉 | 大さじ2 |
| 水 | カップ4 |
| ローリエ | ½枚 |
| A ┌ トマトケチャップ、しょうゆ | 各大さじ1 |
| 　│ 塩 | 小さじ1⅓ |
| 　│ こしょう | 少々 |
| 　└ ガラムマサラ | 小さじ1 |
| ごはん | 適量 |

## 白菜とソーセージの田舎風蒸し煮

少ない水分で蒸し煮にし、
野菜のうまみを引き出したポトフ風。
ソーセージが味出しになり、
そのうまみを吸い込んで
野菜がよりおいしくなります。

### 材料（2人分）

白菜 ―――― 大¼株（600g）
じゃがいも ―――― 2個
にんじん ―――― 大1本
フランクフルトソーセージ ―――― 4本
水 ―――― カップ1½
塩 ―――― 小さじ½
こしょう ―――― 少々
粒マスタード ―――― 適量
粗塩、粗びき黒こしょう ―――― 各適量

### 作り方

1　白菜は根元をつけたまま縦半分に切る。じゃがいもは半分に切る。にんじんは縦半分に切る。

2　フライパンに1、分量の水を入れ、ふたをして火にかける。煮立ったら塩、こしょうをふり、弱火で15分ほど煮る。ソーセージを加え、野菜がやわらかくなるまで約10分蒸し煮にする。途中水がなくなったら適量を足す。

3　器に盛り、粒マスタードを添える。好みで粗塩、粗びき黒こしょうをふる。

野菜を大ぶりに切ると、ホクホクとしたおいしさが楽しめます。

少ない水分で蒸し煮にして素材のうまみを引き出すので、野菜の味が凝縮されます。

だしの利いた甘辛味がじんわりと染み込んだ
揚げびたしは、野菜がいくらでも食べられる料理。
野菜は好みのもので構いませんが、
油と相性のいいなすは必ず入れてください。

# 野菜の揚げびたし

## 作り方

1　なすはへたを落とし、縦半分に切って皮目に斜め1cm幅に切り込みを入れ、斜め半分に切る。ピーマン、赤パプリカはそれぞれ種とヘタをとり、縦4等分に切る。かぼちゃは種とワタをとり、皮つきのまま7㎜厚さに切る。いんげんはヘタを切り落とす。

2　浸し地を作る。小さい耐熱容器に酒、みりんを入れ、ラップをかけずに電子レンジで40秒加熱し、バットに入れ、残りの材料を加えて混ぜる。

3　揚げ油を180℃に熱し、なすの表面の水分をキッチンペーパーで拭きながら皮目を下にして入れる。1分ほどして返し、竹串がスーッと通るまで2〜3分揚げる。ピーマンを1分ほど、パプリカを2分ほど、いんげんをさっと、かぼちゃをやわからくなるまで2〜3分、順に揚げ、揚がった順に油をきって2につける。

酒、みりんはアルコール分をとばし、風味だけを残して使います。電子レンジ加熱なら、手軽！

揚げたものから順に浸し地へ。熱いうちにつけると、味がよく染みます。

## 材料（2〜3人分）

なす ——— 2本
ピーマン ——— 2個
赤パプリカ ——— 1/2個
かぼちゃ ——— 150g
さやいんげん ——— 50g
浸し地
　┌ 酒、みりん、しょうゆ ——— 各大さじ3
　│ 砂糖 ——— 大さじ1/2
　│ だし ——— カップ1/2
　└ 赤唐辛子（種をとり、半分に切る）——— 1本
揚げ油 ——— 適量

# 野菜1つのおいしい食べ方

野菜の
肉みそがけ

甘辛い肉みそは、野菜をおいしくしてくれるたれ。一度にたくさん作り、保存しておけば、野菜を手軽にボリュームアップできます。

## ほうれん草の肉みそがけ

材料（2人分）
ほうれん草——150g
肉みそ——適量

作り方
1　ほうれん草は4～5cm長さに切り、熱湯で茎、葉の順に入れてゆで、ざるに上げて水けを絞る。器に盛り、肉みそをかける。

## さやいんげんの肉みそがけ

材料（2人分）
さやいんげん——100g
肉みそ——適量

作り方
1　さやいんげんは斜めに2～3等分に切り、熱湯で2～3分やわらかくなるまでゆでる。器に盛り、肉みそをかける。

## なすの肉みそがけ

材料（2人分）
なす——3本
肉みそ——適量

作り方
1　なすはヘタをとってラップで包み、電子レンジで約2分30秒加熱し、縦に食べやすく裂く。器に盛り、肉みそをかける。

## かぼちゃの肉みそがけ

材料（2人分）
かぼちゃ——250g（正味200g）
肉みそ——適量

作り方
1　かぼちゃは種とワタをとり、皮つきのまま2～3cm大に切る。耐熱容器に入れ、ラップをかけて電子レンジで約5分加熱する。器に盛り、肉みそをかける。

## きゅうりの肉みそがけ

材料（2人分）
きゅうり——2本
肉みそ——適量

作り方
1　きゅうりは長めの乱切りにする。器に盛り、肉みそをかける。

## 肉みそ

材料（作りやすい分量・できあがり約300g）
豚ひき肉——150g
酒、みりん——各大さじ2
A┌　みそ——大さじ2½
　│　砂糖——大さじ2
　│　しょうゆ——大さじ1
　└　水——カップ⅓
水溶き片栗粉
　┌　片栗粉——小さじ1
　└　水——小さじ2

作り方
1　鍋に豚ひき肉、酒を入れ、菜箸3～4本で混ぜながら火にかけ、ポロポロになったらみりんを加え、煮立ったらAを加えて混ぜ合わせる。再び煮立ったら、1分ほど煮て、水溶き片栗粉でとろみをつける。
※　冷蔵庫で5日、冷凍庫で3週間保存可。食べるときは、電子レンジで温めるor解凍する。

ほうれん草の肉みそがけ

さやいんげんの肉みそがけ

なすの肉みそがけ

きゅうりの肉みそがけ

かぼちゃの肉みそがけ

# シンプル炒め

野菜1つのシンプル味の炒めものは、パパッとできるのが魅力。副菜としても、お弁当にも大活躍してくれます。水分が出ないよう、手早く仕上げるのがコツ。

## 玉ねぎの
## おかか炒め

材料（2人分）
玉ねぎ——1個
サラダ油——大さじ½
しょうゆ——小さじ2
削り節——1袋（3g）

作り方
1　玉ねぎは縦半分に切り、横1cm幅に切る。
2　フライパンにサラダ油を熱し、1を入れて強めの中火で炒める。透き通ってしんなりしたら、鍋肌からしょうゆを回し入れて炒め、削り節をふってさっと炒め合わせる。

## チンゲン菜の
## にんにく唐辛子炒め

材料（2人分）
チンゲン菜——2株
にんにく（つぶす）——1かけ
赤唐辛子（種をとる）——1本
サラダ油——大さじ1
酒——大さじ1
塩——小さじ⅓
こしょう——少々
ごま油——小さじ1

作り方
1　チンゲン菜は長さを半分に切り、茎の部分は縦6〜8等分に切り、葉は食べやすく切る。
2　フライパンにサラダ油、にんにく、赤唐辛子を入れて弱火で炒める。香りが出たら強めの中火にし、チンゲン菜の茎を入れて軽く炒める。葉を加えてさっと炒め、酒、塩、こしょうをふり、炒め合わせる。仕上げにごま油をかける。

## きのこのきんぴら

材料（2人分）
しめじ、エリンギ、しいたけ
——各1パック（計450g）
ごま油——大さじ1
赤唐辛子の小口切り——½本分
A┌酒、みりん、しょうゆ
　│——各大さじ1
　└砂糖——小さじ1

作り方
1　しめじは石づきを落とし、小房に分ける。エリンギは長さを半分に切り、縦半分にして5mm厚さに切る。しいたけは石づきを落とし、5mm厚さに切る。
2　フライパンにごま油を熱し、赤唐辛子、1を入れて、強めの中火で炒める。水分がとび、焼き色がついたらAを順に加え、汁けをとばしながら炒め合わせる。

## かぼちゃの
## にんにく炒め

材料（2人分）
かぼちゃ——300g
にんにくの薄切り——1かけ分
オリーブ油——大さじ2
塩——小さじ⅓
こしょう——少々

作り方
1　かぼちゃは種とワタをとり除き、一口大に薄く切る。
2　フライパンにオリーブ油、にんにくを入れて炒め、香りが出たら1を入れ、弱めの中火で3分ほど焼く。きれいな焼き色がついたら返し、同様に2〜3分焼き、竹串がスーッと通ったら、塩、こしょうをふる。

## じゃがいもの
## ソース炒め

材料（2人分）
じゃがいも——2個
サラダ油——大さじ1
A┌酒——大さじ½
　│ウスターソース——大さじ1½
　└塩、こしょう——各少々

作り方
1　じゃがいもは2〜3mm幅に細く切り、さっと水に通して水けを拭く。
2　フライパンにサラダ油を熱し、1を入れて5分ほど炒める。じゃがいもが透き通ってしんなりしたらAを順に加え、汁けがなくなるまで炒め合わせる。

きのこのきんぴら

玉ねぎのおかか炒め

じゃがいものソース炒め

チンゲン菜のにんにく唐辛子炒め

かぼちゃのにんにく炒め

## 煮びたし

煮びたしは、野菜のおいしさがしみじみと味わえる料理。味出し素材を加えたら、だしは必要なし。水でも十分おいしくできあがります。

## 小松菜とちくわの煮びたし

材料（2人分）
小松菜 ——— 1束（200g）
ちくわ ——— 2本
煮汁
┌ 水 ——— カップ1/2
│ 酒、みりん、しょうゆ
└ ——— 各大さじ1

作り方
1 小松菜は根元に十文字に切り込みを入れ、流水でよく洗い、3cm長さに切る。ちくわは斜め1cm幅に切る。
2 鍋に煮汁を煮立て、小松菜の茎を入れ、落としぶたをして1分ほど煮る。小松菜の葉、ちくわを加え、落としぶたをして2〜3分煮る。落としぶたをとり、全体を混ぜながらひと煮する。

## かぶと油揚げの煮びたし

材料（2人分）
かぶ ——— 3個
油揚げ ——— 1枚
煮汁
┌ 水 ——— カップ1/2
│ 酒、みりん、しょうゆ
└ ——— 各大さじ1 1/2

作り方
1 かぶは茎を3cm残して切り落とす。きれいに洗い、縦半分に切って根元の汚れを洗い落とし、8等分の放射状に切る。茎と葉先は3〜4cm長さに切り、水けをよくきる。油揚げは熱湯でさっとゆでて油抜きし、縦半分に切って横2cm幅に切る。
2 鍋に煮汁を煮立て、油揚げを入れる。ひと煮したら、かぶを加え、落としぶたをして4〜5分煮て、茎と葉先を加え、茎がやわらかくなるまで2〜3分煮る。

## 水菜とじゃこの煮びたし

材料（2人分）
水菜 ——— 1束（200g）
ちりめんじゃこ ——— 大さじ3
煮汁
┌ 水 ——— カップ1/2
│ 酒、みりん、しょうゆ
└ ——— 各大さじ1

作り方
1 水菜は4〜5cm長さに切る。
2 鍋に煮汁を煮立て、水菜の茎を入れ、落としぶたをして1分ほど煮る。水菜の葉、じゃこを加え、落としぶたをして2〜3分煮る。

## 白菜とがんもどきの煮びたし

材料（2人分）
白菜 ——— 1/8株（300g）
ミニがんもどき ——— 5個
煮汁
┌ 水 ——— カップ1/2
│ 酒、みりん、しょうゆ
└ ——— 各大さじ1 1/2

作り方
1 白菜は縦半分、横3cm幅に切る。がんもどきは熱湯でさっとゆでて油抜きし、水けをきる。
2 鍋に煮汁を煮立て、がんもどきを入れ、1分ほど返しながら煮て、白菜を加え、落としぶたをして充分やわらかくなるまで10分ほど煮る。

## キャベツと桜えびの煮びたし

材料（2人分）
キャベツ ——— 3〜4枚（300g）
桜えび ——— 大さじ2
煮汁
┌ 水 ——— カップ1/2
│ 酒、しょうゆ ——— 各大さじ1
└ みりん ——— 小さじ1

作り方
1 キャベツは一口大に切り、芯は薄切りにする。
2 鍋に煮汁を煮立て、1、桜えびを入れ、落としぶたをしてキャベツがやわらかくなるまで4〜5分煮る。

かぶと油揚げの煮びたし

小松菜とちくわの煮びたし

白菜とがんもどきの煮びたし

水菜とじゃこの煮びたし

キャベツと桜えびの煮びたし

# ポタージュ

なめらかな口当たりが魅力のポタージュ。コツは、野菜を蒸し煮にして甘みとうまみを引き出してから水を加えること、牛乳を加えてからは煮立てないこと。

## にんじんのポタージュ

材料（2人分）
にんじん —— 大1本（正味200g）
玉ねぎ —— 1/4個（50g）
サラダ油 —— 大さじ1/2
水 —— カップ1 1/2
牛乳 —— カップ1/2
塩 —— 小さじ1/2
こしょう —— 少々

作り方
1　にんじんは薄いいちょう切り、玉ねぎは薄切にする。
2　「ブロッコリーのポタージュ」作り方2、3同様に作り、にんじんがやわらかくなるまで20分ほど煮る。4、5同様に作る。

## ごぼうのポタージュ

材料（2人分）
ごぼう —— 1本（正味150g）
玉ねぎ —— 1/4個（50g）
サラダ油 —— 大さじ1/2
水 —— カップ2
牛乳 —— カップ1/2
塩 —— 小さじ1/2
こしょう —— 少々

作り方
1　ごぼうは皮をタワシでこすり洗いし、小口切りにし、水に5分さらして水けをきる。玉ねぎは薄切りにする。
2　「ブロッコリーのポタージュ」作り方2、3同様に作り（水の分量が違うので注意）、ごぼうがやわらかくなるまで30分ほど煮る。4、5同様に作る。

## カリフラワーのポタージュ

材料（2人分）
カリフラワー —— 1/3個（正味200g）
玉ねぎ —— 1/4個（50g）
サラダ油 —— 大さじ1/2
水 —— カップ1 1/2
牛乳 —— カップ1/2
塩 —— 小さじ1/2
こしょう —— 少々

作り方
1　カリフラワーは小さめの小房に分け、茎は薄切りにする。玉ねぎは薄切りにする。
2　「ブロッコリーのポタージュ」の作り方2、3同様に作り、カリフラワーがやわらかくなるまで15分ほど煮る。4、5同様に作る。

## ブロッコリーのポタージュ

材料（2人分）
ブロッコリー —— 大1/2個（正味250g）
玉ねぎ —— 1/4個（50g）
サラダ油 —— 大さじ1/2
水 —— カップ1 1/2
牛乳 —— カップ1/2
塩 —— 小さじ1/2
こしょう —— 少々

作り方
1　ブロッコリーは小さめの小房に分け、茎は皮を厚めにむいて薄切りにする。玉ねぎは薄切りにする。
2　鍋にサラダ油を熱し、1を入れ、ふたをしてときどき返しながら弱火で5分ほど蒸し煮にする。
3　分量の水を加えて中火にし、煮立ったらアクをとり、ふたをして弱火でブロッコリーがやわらかくなるまで12〜13分煮る。
4　3の粗熱をとり、ミキサーに具のみを入れて攪拌して、全体がピューレ状になったら煮汁を加えて、さらに攪拌する。
5　鍋に4を戻し入れて中火で煮立て、牛乳を加えて温め、塩、こしょうで調味する。

野菜は少ない水で蒸し煮にすると、うまみと甘みが引き出されます。

にんじんのポタージュ

ごぼうのポタージュ

カリフラワーのポタージュ

ブロッコリーのポタージュ

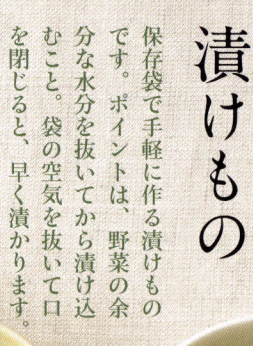

# 漬けもの

保存袋で手軽に作る漬けものです。ポイントは、野菜の余分な水分を抜いてから漬け込むこと。袋の空気を抜いて口を閉じると、早く漬かります。

※長時間おく場合は冷蔵庫で保存。

白菜の塩漬け

なすのからし漬け

かぶのレモン漬け

きゅうりの酢じょうゆ漬け

ごぼうのみそ漬け

大根の花椒漬け

28

## かぶのレモン漬け

材料（作りやすい分量）
かぶ ——— 3個（正味300g）
粗塩 ——— 大さじ½
甘酢
- レモン汁 ——— 大さじ1
- 砂糖 ——— 大さじ½
- レモンの皮のせん切り
  ——— 約½個分

作り方
1 かぶは茎を2cmほど残して切り落とし、きれいに洗う。縦6～8等分のくし形に切り、根元の汚れを洗い落とす。
2 保存袋に**1**、粗塩を入れて袋ごともみ、甘酢を加えて袋をふり混ぜる。空気を抜いて口を閉じ、室温に2時間以上おく。

※保存は冷蔵庫で2～3日。

## 大根の花椒漬け

材料（2人分）
大根 ——— ¼本（正味300g）
粗塩 ——— 大さじ½
A
- ごま油 ——— 大さじ½
- 赤唐辛子 ——— 小1本
- 花椒 ——— 小さじ½
酢 ——— 大さじ½
しょうがのせん切り ——— 1かけ分

作り方
1 大根は5cm長さ1cm幅の拍子木切りにし、保存袋に入れる。粗塩を加えて袋ごともみ、空気を抜いて口を閉じ、室温に30分～1時間おく。
2 小鍋にAを入れて弱火にかけ、香りが出たら火から下ろし、酢を加えて冷ます。
3 **1**の水分を捨て、しょうが、**2**を加え、袋をふり混ぜる。空気を抜いて口を閉じ、1時間以上おく。

※保存は冷蔵庫で2～3日。

## なすのからし漬け

材料（作りやすい分量）
なす ——— 3本（正味300g）
塩水
- 粗塩 ——— 大さじ1⅓
- 水 ——— カップ1
A
- 練りがらし、砂糖
  ——— 各大さじ1
塩 ——— 少々

作り方
1 なすは乱切りにし、保存袋に入れる。塩水を加えて袋ごとふり、空気を抜いて口を閉じ、冷蔵庫で一晩おく。
2 水分を捨て、混ぜ合わせたAを加え、袋ごともみ、塩を加えてさらにもむ。袋の空気を抜いて口を閉じ、さらに10分以上おく。

※保存は冷蔵庫で1日。

## ごぼうのみそ漬け

材料（作りやすい分量）
ごぼう ——— 2本（正味300g）
みそ ——— 大さじ4

作り方
1 ごぼうは皮をこそげ、保存袋の大きさに合わせて長さを切り、太いものは縦半分に切る。たっぷりの水から入れてかために ゆで、水けをきる。
2 保存袋に**1**を入れ、上下にみそを塗り、空気を抜いて口を閉じ、室温に5～6時間おく。細いものならば5時間後から食べられる。冷蔵庫なら2～3日後から食べられる。斜め切りにして食べる。

※保存は冷蔵庫で1週間。

## 白菜の塩漬け

材料（2人分）
白菜 ——— 300g
粗塩 ——— 大さじ½
昆布 ——— （3cm角）1枚

作り方
1 白菜は縦半分に切り、横に3cm幅に切る。保存袋に入れ、粗塩、昆布を加えて袋ごともみ、空気を抜いて口を閉じ、室温に2～3時間おく。
2 水分を捨て、さらにもんでしんなりさせ、水けを絞る。

※保存は冷蔵庫で2～3日。

## きゅうりの酢じょうゆ漬け

材料（作りやすい分量）
きゅうり ——— 3本（正味300g）
粗塩 ——— 大さじ½
A
- しょうゆ、酢、砂糖
  ——— 各大さじ1

作り方
1 きゅうりは1.5cm幅に切り、保存袋に入れる。粗塩を加えて袋ごともみ、空気を抜いて口を閉じ、室温に1～2時間おく。
2 水分を捨て、混ぜ合わせたAを加えて袋ごとふり混ぜ、空気を抜いて口を閉じ、さらに室温に1時間以上おく。

※保存は冷蔵庫で2～3日。

# あえもの — ❶

手軽にできるあえものをいくつか覚えておくと、もう1品欲しいときに役立ちます。加熱した野菜は水分をよくきり、食べる直前にあえます。

## かぶの梅肉あえ

材料（2人分）
かぶ —— 2個
あえ衣
┌ 梅肉 —— 大さじ½ (10g)
│ 酒 —— 小さじ½
│ しょうゆ、砂糖
└ —— 各小さじ⅓

作り方
1　かぶは葉を切り落とし、縦半分に切って縦3mm幅に切る。
2　あえ衣を作る。梅肉に酒、しょうゆ、砂糖を加え、のばす。
3　かぶを2であえる。

## ズッキーニのナムル

材料（2人分）
ズッキーニ —— 1本 (150g)
あえ衣
┌ 白すりごま、ごま油
│ —— 各大さじ½
│ ねぎのみじん切り —— 大さじ1
│ 塩 —— 小さじ¼
└ こしょう —— 少々

作り方
1　ズッキーニは3mm厚さの半月切りにする。耐熱容器に入れ、ラップをかけて電子レンジで1分30秒加熱する。
2　粗熱をとり、水けをよくきってボウルに入れ、あえ衣を加えてあえる。

## セロリの塩昆布あえ

材料（2人分）
セロリ —— ⅔本
塩昆布 —— 大さじ1

作り方
1　セロリは筋をとり、縦半分に切って斜め2〜3mm幅に切る。
2　1を塩昆布であえる。

## ほうれん草のごまあえ

材料（2人分）
ほうれん草 —— 1束 (150g)
あえ衣
┌ 白すりごま —— 大さじ1
│ しょうゆ —— 小さじ1½
└ 砂糖 —— 小さじ½

作り方
1　ほうれん草は4cm長さに切り、たっぷりの熱湯に茎、葉の順に入れ、色よくゆでる。ざるに広げてあけ、粗熱をとって水けを絞る。
2　あえ衣をざっと混ぜ、1を加えてあえる。

## みょうがの甘酢あえ

材料（2人分）
みょうが —— 3個
甘酢
┌ 酢 —— 大さじ1
│ 砂糖 —— 小さじ2
└ 塩 —— 小さじ¼

作り方
1　みょうがは縦半分に切り、縦薄切りにする。
2　甘酢の調味料を混ぜ合わせ、1のみょうがをあえる。

かぶの梅肉あえ

ズッキーニのナムル

ほうれん草のごまあえ

セロリの塩昆布あえ

みょうがの甘酢あえ

## きのこのみぞれあえ

材料（2人分）
しめじ —— 小1パック（100g）
三つ葉 —— ½束（25g）
合わせ酢
┌ 酢 —— 小さじ2
│ しょうゆ、砂糖
│    —— 各小さじ½
└ 塩 —— 小さじ¼
大根おろし —— （水けをきって）カップ½

作り方
1　しめじは石づきを落として1本ずつほぐし、長いものは半分に切る。耐熱容器に入れ、ラップをかけて電子レンジで約1分加熱し、そのままおいて粗熱をとる。三つ葉は2cm長さに切り、熱湯に一瞬通し、流水で冷まして水けを絞る。
2　合わせ酢の材料を混ぜ、1、大根おろしとあえる。

からしやのりなど、味に変化をつける素材を加えたあえものです。好みの野菜でいろいろな味のあえものを楽しんでみましょう。

# あえもの――❷

## 小松菜のからしあえ

材料（2人分）
小松菜 —— 1束（150g）
あえ衣
┌ 練りがらし、砂糖
│    —— 各小さじ½
│ しょうゆ —— 大さじ½
└ 水 —— 大さじ1

作り方
1　小松菜は3〜4cm長さに切る。熱湯に茎、葉の順に入れて2分ほどゆで、ざるに上げる。粗熱がとれたら水けを絞る。
2　練りがらしにしょうゆを少しずつ加えながらのばし、砂糖、水を加えて混ぜる。
3　1を2であえる。

## 絹さやの
## おかかあえ

材料（2人分）
絹さや —— 1パック（80g）
削り節 —— ½袋（1.5g）
しょうゆ —— 小さじ1

作り方
1　絹さやは筋をとり、熱湯で色よくゆで、流水で冷まして水けをよくきる。
2　1を削り節、しょうゆであえる。

## れんこんの
## 酢みそあえ

材料（2人分）
れんこん —— 1節（150g）
酢みそ
┌ みそ、砂糖 —— 各大さじ1
│ 練りがらし —— 小さじ½
└ 酢 —— 大さじ½

作り方
1　れんこんは半月切り、大きいものはいちょう切りにし、さっと水を通して水けをきる。酢、塩各少々（各分量外）を入れた熱湯に入れ、再び煮立ったら4分ほどゆでる。
2　ボウルにみそ、練りがらしを入れて酢を加えてのばし、砂糖を加えて混ぜる。
3　1の粗熱がとれたら水けを拭き、2であえる。

## 白菜の
## のりあえ

材料（2人分）
白菜 —— 3枚（300g）
あえ衣
┌ ごま油 —— 大さじ½
│ 焼きのり —— （全形）1枚
└ 塩 —— 小さじ⅓

作り方
1　白菜は芯と葉に分け、芯は縦半分に切って2cm幅に、葉先は少し大きめに切る。耐熱容器に入れ、ラップをかけて電子レンジで約4分加熱する。粗熱がとれたら水けを絞る。
2　1をボウルに入れ、あえ衣の調味料とのりをちぎって加え、あえる。

きのこのみぞれあえ

小松菜のからしあえ

れんこんの酢みそあえ

絹さやのおかかあえ

白菜ののりあえ

春菊の白あえ

にんじんの白あえ

# 白あえ

豆腐と練りごまのコクのある
あえ衣が、おいしさの決め手。
手間がかかる印象ですが、強
めの塩を入れた湯で野菜をゆ
でれば、野菜に下味をつける
必要がなくなります。

## 春菊の白あえ

**材料（2人分）**
春菊 —— 1束 (150g)
しょうゆ —— 小さじ1
白あえ衣
 ┌ 木綿豆腐 —— ½丁 (150g)
 │ 練りごま —— 小さじ2
 │ 砂糖 —— 大さじ1
 │ 塩 —— 小さじ⅓
 └ しょうゆ —— 少々

**作り方**
1 春菊は葉の部分を摘み、葉は
 食べやすい長さに、茎は斜め
 薄切りにする。熱湯カップ2
 に塩小さじ1（各分量外）を入
 れ、春菊の茎、葉の順にさっ
 とゆでる。ざるに広げて冷ま
 し、水けを絞ってしょうゆであ
 え、粗熱をとる。 →
2 右記の作り方2同様に白あえ
 衣を作り、1をあえる。

春菊などの葉ものは、しょ
うゆであえておくと水っぽ
くなりません。

## にんじんの白あえ

**材料（2人分）**
にんじん —— 1本 (150g)
白あえ衣
 ┌ 木綿豆腐 —— ½丁 (150g)
 │ 練りごま —— 小さじ2
 │ 砂糖 —— 大さじ1
 │ 塩 —— 小さじ⅓
 └ しょうゆ —— 少々

**作り方**
1 にんじんは3〜4cm長さの短
 冊切りにする。熱湯カップ2
 に塩小さじ1（各分量外）を入
 れ、にんじんを2分ほどゆで、
 ざるに上げて粗熱をとる。
2 白あえ衣を作る。豆腐は厚み
 を半分にし、キッチンペーパ
 ーに包んで10分ほど水きりを
 する。ボウルに練りごまを入れ、
 豆腐を加えてフォークでくずし
 ながら混ぜ、砂糖、塩、しょ
 うゆで調味し、1をあえる。

第二章

# 大型野菜のおかず

大根、キャベツ、白菜

## 大根

生のときはシャキシャキとした食感が味わえ、長時間煮ると自然な甘みが楽しめる大根。味わいは淡泊なので、しょうゆの甘辛味やオイスターソースベースの中華味などの濃い味つけにするとおいしくなります。また、すりおろすとさっぱりと食べられるので、揚げ物などに合わせるのもいいでしょう。栄養的には、でんぷんを分解する消化酵素・ジアスターゼを含む他、ビタミンCが豊富です。

# キャベツ

キャベツは調理法、味つけを選ばない万能野菜。美容ビタミンといわれるビタミンCや胃の粘膜を保護するビタミンUが豊富です。ビタミンCは特に芯の周りに多いので、薄く刻んで残さず食べましょう。また、自然な甘みがあり、加熱によりさらに引き出されます。豚肉やその加工品のベーコンやソーセージと特に相性がよく、共に炒める、煮る、揚げるとおいしく食べられます。

# 白菜

鍋料理、漬けものに欠かせない野菜です。加熱したときの上品な甘みがおいしく、特に内側の黄色い部分ほど甘みが強くなります。水分が多く淡泊な味なので、味が出るものと組み合わせるとおいしさがアップ。クリーム味などやさしい味なら、持ち味もいかせます。また、サラダなど生でサクサクとした食感を味わうのもいいでしょう。ビタミンC、余分な塩分を排出するカリウムが豊富で、中国では冬の養生野菜として重宝されるほど。

おでん風煮もの

煮汁がじんわりと中まで染み込んだ大根は、
何にも代えがたいごちそう。
昆布を入れた水からやわらくなるまでゆで、
昆布だしを十分煮含めてから調味します。

皮の1mmほど内側にかたい
筋があるので、この筋まで
皮を厚めにむきます。3cm
長さに切ってからなら、む
きやすい。

先に大根を昆布とたっぷ
りの水から煮て、だしを
煮含めておきます。

作り方

1　大根は3cm長さに切って厚めに皮をむく。
　　冷蔵庫から出したての卵を熱湯にそっと入
　　れて6分ゆで、冷水にとって殻をむく。さ
　　つま揚げは熱湯でさっとゆで、油抜きをす
　　る。

2　鍋に煮汁の分量の水、昆布、大根を入れ、
　　ふたをして火にかけ、煮立ったらアクをとり、
　　弱火で40〜50分煮る。

3　大根に竹串がスーッと通るようになったら、
　　煮汁の残りを加えて調味し、さつま揚げを
　　加えて全体に味がなじむまで10分煮る。
　　ゆで卵を加えてさらに10分ほど煮る。器
　　に盛り、練りがらしを添える。

材料（2人分）

大根——1/2本（800g）
卵——4個
さつま揚げ——小6枚
煮汁
　水——カップ3
　昆布——5cm
　酒——大さじ3
　しょうゆ、みりん——各大さじ1
　塩——小さじ1/2
練りがらし——適量

揚げ大根

「おでん風煮もの」の大根を使って

サクサクの衣から出てくる、
大根のみずみずしいスープがたまりません。
これを食べたくて、
おでん風煮ものを多めに作るほど！
おつまみにもぴったり。

材料（2人分）

おでん風煮ものの大根
　　——1/2量
片栗粉、揚げ油——各適量

作り方

1　「おでん風煮もの」の大根を4等分に
　　切り、水けを拭きとる。

2　揚げ油を170℃に熱し、1に片栗粉をま
　　ぶして入れ、2〜3分揚げる。

# 大根と豚バラ肉の中華風煮もの

豚バラ肉のうまみをたっぷり吸い込んだ、
あめ色の大根が何よりおいしい。
油で炒めてから煮るとコクが出て、
よりごはんが進む煮ものになります。

手前に回しながら、包丁を斜めに入れて切ります。乱切りは断面が広いので、味が染みやすい。

豚肉はうまみを閉じ込めるために、炒めてから煮ます。

材料（2人分）

大根……小½本（600g）
豚バラ肉（かたまり）……200g
ねぎ……⅓本
しょうがの薄切り……小1かけ分
A［酒、しょうゆ……各大さじ1
サラダ油……大さじ1
B［しょうゆ、砂糖……各大さじ2
　 酒……大さじ1
水……カップ2
こしょう……少々
水溶き片栗粉
［片栗粉……大さじ½
　水……大さじ1

作り方

1 大根は皮をむき、大きめの一口大の乱切りにする。ねぎは3cm長さのぶつ切りにする。豚バラ肉は3cm角に切り、Aをもみ込んで下味をつける。

2 フライパンにサラダ油を熱し、しょうが、ねぎを炒め、香りが出たら1の豚肉の汁けをきって炒める。表面の色が変わったら大根を入れて炒め、油が全体に回ったら、豚肉のAの残りとBを加えて炒める。

3 分量の水を加え、こしょうをふり、落としぶたをして弱めの中火で30分ほど煮る。大根がやわらかくなり、煮汁が少なくなったら、水溶き片栗粉で照りをつける。

# たらと豆腐の揚げ出し

揚げたたらを加えた、豪華版揚げ出し豆腐。
大根おろしはカラリと揚げた豆腐や
たらの引き立て役のようですが、
さっぱりと味わうためになくてはならない
陰の主役です。

大根は水けが出ないよう、
力をかけながらすりおろし
ます。

煮汁の味が薄まりすぎな
いよう、大根おろしはざる
に上げ、軽く押して水けを
絞ります。

表面がかたまる前に触ると、
片栗粉が落ちてしまうの
で注意します。

## 作り方

1　豆腐は2つに切り、キッチンペーパーに包んで30分ほどおいて水きりをする。たらは1切れを2等分に切り、Aをからめて5分ほどおき、下味をつける。大根は皮をむいてすりおろし、ざるに上げて水けを軽くきる。

2　鍋にBを入れて火にかけ、煮立ったら火を止める。

3　揚げ油を180℃に熱し、1の豆腐に片栗粉を薄くまぶして入れ、表面がかたまるまで触らず、かたまったらそっと返して3分ほど揚げる。揚げ油を170℃に下げ、1のたらの水けを拭きとって片栗粉を薄くまぶし、3分ほど揚げる。

4　器に3を盛り、大根おろしをのせ、2のつゆをかけ、万能ねぎを散らす。

## 材料（2人分）

大根 ——— ⅛本 (200g)
絹ごし豆腐 ——— ½丁 (150g)
生だら ——— 2切れ
A ┌ 塩 ——— 少々
　└ 酒 ——— 小さじ1
B ┌ だし ——— カップ½
　│ 酒、みりん ——— 各大さじ1
　│ しょうゆ ——— 大さじ½
　└ 塩 ——— 小さじ¼
揚げ油、片栗粉 ——— 各適量
万能ねぎの小口切り ——— 少々

味が淡泊な大根を、ピリッと辛くて
濃厚な麻婆味に仕上げます。
コツはひき肉をよく炒め、臭みを抜いて
うまみを引き出すこと。春雨も加えると、
麻婆春雨の味も同時に味わえます。

# 麻婆大根

2cm角に切る場合は、ま
ず2cm幅の輪切りにし、
端から2cm幅に切り、向
きを変えて2cm幅に切り
ます。

肉の脂が透明になるまで
炒めると、ひき肉特有の
臭みが抜けます。

## 作り方

1 大根は皮をむき、2cm角に切る。春雨は熱
　湯でもどし、水けをきって食べやすい長さ
　に切る。

2 フライパンにサラダ油を熱し、にんにく、
　しょうがを弱火で炒め、香りが出たら豚ひ
　き肉を入れて中火でよく炒める。肉の水分
　がとび、肉の脂が透明になったら大根を加
　え、強めの中火でよく炒める。

3 中央をあけて豆板醤を加えて炒め、香りが
　出たら分量の水を加え、煮立ったら出てき
　たアクをとり除き、Aで調味し、ふたをし
　て弱火で15分ほど煮る。

4 大根がやわらかくなったら春雨を入れ、1
　～2分したらねぎのみじん切りを加え、水
　溶き片栗粉でとろみをつけ、仕上げにごま
　油で香りをつける。

## 材料（2人分）

大根 —— 1/4本（400g）
春雨 —— 30g
豚ひき肉 —— 150g
にんにくのみじん切り —— 小さじ1
しょうがのみじん切り —— 小さじ1
ねぎのみじん切り —— 大さじ2
サラダ油 —— 大さじ1
豆板醤 —— 小さじ1/2
水 —— カップ2
A┌ 酒 —— 大さじ1
　│ しょうゆ —— 大さじ2
　│ 塩 —— 小さじ1/2
　└ こしょう —— 少々
水溶き片栗粉
　┌ 片栗粉 —— 大さじ1
　└ 水 —— 大さじ2
ごま油 —— 小さじ1

## 大根とザーサイの炒めもの

大根はジューシーさを残して炒めるのがコツです。
塩けとうまみがたっぷりのザーサイを合わせたら、
それだけでごはんにもお酒にも合う
手軽な炒めものに。

材料（2人分）
大根——小¼本（300g）
ねぎ——½本（50g）
ザーサイ（味つけ）——30g
サラダ油——大さじ1
A┌酒——大さじ1
　└しょうゆ——小さじ1

作り方
← 1　大根は5cm長さに切って皮をむき、1.5cm幅5mm厚さの短冊切りにする。ねぎは斜め5mm幅に切る。ザーサイは2cm大に切る。
　　2　フライパンにサラダ油を熱し、大根を入れて炒め、2〜3分して透き通ってきたら、ザーサイ、ねぎを加えてさらに炒める。大根がしんなりしたらAを加え、炒め合わせる。

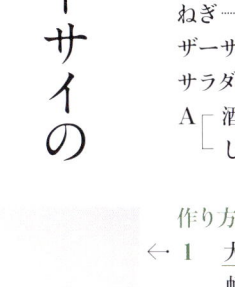

食感を残したい場合は、繊維に沿って切ります。仕上がりの長さに切る→繊維に沿って厚みを切る→幅を切る、の順に。

## 大根とホタテのマヨサラダ

あまりのおいしさと簡単さに
リピート確実のサラダです。うまみ十分の
ほたて缶とマヨネーズの酸味とコクが、
あっさりとした大根にベストマッチ。

材料（2人分）
大根——⅛本（200g）
ほたて缶——小1缶（70g）
マヨネーズ——大さじ2
レモン汁——小さじ1
塩、こしょう——各少々
万能ねぎの小口切り——少々

作り方
← 1　大根は皮をむき、薄い輪切りにし、せん切りにする。ほたて缶は汁けをきる。
　　2　ボウルに1を入れてマヨネーズであえ、レモン汁、塩、こしょうで調味する。器に盛り、万能ねぎをふる。

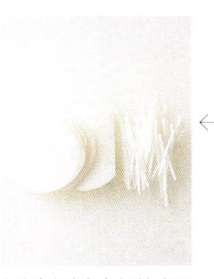

しんなりやわらかくしたい場合は、繊維を断ち切るように切ります。薄い輪切りにしてから、せん切りに。

# ロールキャベツ

キャベツは切り込みを入れてゆでるとはがしやすくなります。

使用するのは½個分ですが、葉をきれいにはがすため1個丸ごとゆで、湯の中で1枚ずつはがします。残りはマリネやサラダ、浅漬けに。

1つのロールキャベツに大1枚、小1枚の葉を使います。芯の部分をずらして重ねると巻きやすい。

小さい葉で肉だねを包み、巻き終わりを下にし、大きい葉でさらに巻きます。

## 作り方

1　キャベツは汚れた外葉ははがし、芯の周りに切り込みを入れる。鍋にたっぷりの熱湯を沸かし、芯が上になるように入れ、途中上下を何度か返し、はがれてきたものから丁寧に1枚ずつ、6〜8枚はがす。しんなりしたらざるに上げる。粗熱がとれたら、太い芯の部分はそぎとる。

2　ボウルに肉だねの材料を入れてよく練り混ぜ、4等分にして俵形にする。

3　1のキャベツは、大1枚の上に、小1枚を芯の部分をずらしてのせ、2、とり除いていた芯をのせる。肉だねを小1枚で包み、さらに大1枚で包み、巻き終わりをようじでとめる。

4　鍋に分量の水を入れて火にかけ、煮立ったら3の巻き終わりを下にして入れ、Aを加える。再び煮立ったらアクをとり、弱火にし、ふたをして40分ほど煮る（キャベツがくたくたになるまで）。味をみて、甘みが足りないようなら砂糖で調味する。

肉のうまみとキャベツの甘みが一体となり、一口ごとに頬が緩みます。トマト味にほんの少しケチャップと砂糖を加えて深みを出し、キャベツがくたくたになるまで煮込みます。

## 材料（作りやすい分量）

| | |
|---|---|
| キャベツ | 8枚（½個分600g） |
| 肉だね | |
| ┌ 合いびき肉 | 200g |
| │ パン粉 | カップ½ |
| │ 玉ねぎのみじん切り | ¼個分 |
| │ 水 | カップ¼ |
| │ 塩 | 小さじ⅓ |
| └ こしょう | 少々 |
| 水 | カップ2 |
| A ┌ トマト水煮缶 | 1缶（400g） |
| │ トマトケチャップ | 大さじ2 |
| │ 塩 | 小さじ1 |
| │ こしょう | 少々 |
| └ ローリエ | ½枚 |
| 砂糖 | 小さじ1 |

## キャベツのアンチョビー炒め

炒めると甘みが出るキャベツに、
強い塩分とうまみを持つアンチョビーを
味出し素材として加えます。にんにくの香り、
赤唐辛子の辛みを炒めて引き出すのもコツ。

作り方

1 キャベツは大きめの一口大に切り、芯は縦に薄く切る。

2 フライパンにオリーブ油、にんにく、赤唐辛子を入れて弱火で炒め、香りが出たらキャベツを入れ、強めの中火で2〜3分炒める。

3 全体にカサが減ったら中央をあけ、アンチョビーを加え、塩、こしょうで調味し、全体を炒め合わせる。

材料（2人分）

キャベツ —— ¼個（300g）
にんにく（つぶす）—— ½かけ分
赤唐辛子（種をとる）—— 1本
アンチョビー —— 3枚
オリーブ油 —— 大さじ1
塩、こしょう —— 各少々

キャベツの葉は大きめの一口大＝3cm角に切ります。加熱すると甘みが出る芯は、食べやすい薄切りにして残さず使います。

46

キャベツと鶏肉の甘みそ炒め

キャベツの定番中華、回鍋肉の鶏肉版です。
豆板醤の辛みと甜麺醤のコクと甘みが加わり、
白いごはんにぴったり。キャベツは
少し食感が残る程度にしんなりと炒めます。

作り方

1 キャベツは大きめの一口大に切り、芯は縦
に薄く切る。玉ねぎは横1cm幅に切る。鶏
肉は余分な脂をとり除き、縦半分に切って
1cm幅に切る。合わせ調味料は混ぜ合わせ
る。

2 フライパンにサラダ油を熱し、にんにく、
しょうがを入れて弱火で炒め、香りが出た
ら鶏肉を加えて炒める。鶏肉の色が変わ
ったら、中央をあけて豆板醤を入れてさっ
と炒め、すぐに玉ねぎを加えて炒め、1分
たったらキャベツを加えてさらに2〜3分
炒め、塩をふって炒める。

3 キャベツがしんなりしたら、合わせ調味料
を回しかけて炒め合わせる。仕上げにごま
油で香りをつける。

豆板醤は炒めて香りと辛
みを出します。

玉ねぎは先に入れ、炒め
て甘みを引き出します。

材料（2人分）

キャベツ —— 1/4個（300g）
玉ねぎ —— 1/2個
鶏もも肉 —— 小1枚（200g）
にんにくの薄切り —— 1/2かけ分
しょうがの薄切り —— 1/2かけ分
合わせ調味料
┌ 甜麺醤 —— 大さじ1
│ 酒、しょうゆ —— 各小さじ1
└ こしょう —— 少々
サラダ油 —— 大さじ1
豆板醤 —— 小さじ1/4
塩 —— 小さじ1/3
ごま油 —— 小さじ1

# キャベツと豚こまの煮もの

シンプルな材料と調味料、覚えやすい分量も
魅力の簡単煮もの。豚こまを味出しと
ボリュームアップに加えるとおかず感が増します。
ボリューム副菜としても便利。

## 作り方

1 キャベツは、葉は5〜6cm大に切り、芯の
部分は縦薄切りにする。
2 鍋にAを入れて火にかけ、煮立ったら豚肉
を入れる。再び煮立ったらアクをとり除き、
1を加え、ふたをして弱めの中火で3分ほ
ど煮る。カサが減ったら上下を返し、落と
しぶたに変えて7〜8分、全体に味がし
み込むまで煮る。

## 材料（2人分）

キャベツ —— ¼個 (300g)
豚こま切れ肉 —— 100g
A ┌ 水 —— カップ⅓
  │ 酒、みりん、しょうゆ
  └ —— 各大さじ1½

キャベツのカサが減ったら ←
落としぶたをし、水分を少
しとばしながら味を煮含
めます。

48

キャベツとハムだけのシンプル春巻き。
低温でじっくり揚げると、皮がカリカリになり、
しんなりと甘みのあるキャベツと塩けのある
ハムのおいしさが際立ちます。

# キャベツとハムの春巻き

キャベツの水分が多いと
皮がベチャッとするので、
レンジ加熱して水けを出し、
ざるに上げて水けをよくき
ります。

## 作り方

1　キャベツは5mm幅の細切りにし、耐熱容器に入れ、ラップをかけて電子レンジで約2分30秒加熱し、水けをきって粗熱をとる。ハムは細切りにする。

2　ボウルに1、塩、こしょう、小麦粉を入れてよく混ぜ合わせ、10等分にする。

3　春巻きの皮に2をのせて包み、縁に糊をつけて、しっかりととめる。

4　揚げ油を160℃に熱して3を入れ、7〜8分かけて、皮が香ばしい色になるまで揚げる。好みで練りがらし、酢、しょうゆを添える。

## 材料（10本分）

春巻きの皮 —— 10枚
キャベツ —— 1/4個（300g）
ロースハム —— 1パック（100g）
塩 —— 小さじ1/2
こしょう —— 少々
小麦粉 —— 大さじ2
糊
  ┌ 小麦粉 —— 大さじ1
  └ 水 —— 大さじ1/2
揚げ油 —— 適量
練りがらし、酢、しょうゆ
  —— 各適量

## あさりとキャベツのチャウダー

あさりとベーコンのダブルのうまみが
溶け出たスープに、キャベツと玉ねぎで
甘みをプラスし、よりおいしさアップ。
程よいとろみの
やさしい味のスープです。

作り方

1　あさりは塩水（分量外・水カップ½に塩3g）につけ、暗くして1時間ほどおいて砂出しし、殻をこすり合わせて洗う。キャベツは2～3cm大に切る。芯は同じ大きさの薄切りにする。玉ねぎ、ベーコンは1cm角に切る。

2　鍋にサラダ油を熱し、ベーコン、玉ねぎ、キャベツをさっと炒め、全体に油が回ったら、小麦粉をふり入れ、粉っぽさがなくなるまで炒める。

3　分量の水を加え、ふたをして5分煮て、野菜に火が通ったら、あさりを加えて煮る。あさりの殻が開いたら、アクをとり、塩、こしょうで調味し、牛乳を加えてひと煮する。

砂出しするときは、バットなど浅めのものを使い、あさりの頭が少し出るくらいに水につけます。これなら一度吐いた砂を再び吸いません。

牛乳を加えたら、分離する恐れがあるのでグツグツ煮ないように注意します。

材料（2人分）

キャベツ ……… 2～3枚 （⅙個・200g）
あさり ……… 200g
玉ねぎ ……… ¼個
ベーコン ……… 1枚
サラダ油 ……… 大さじ1
小麦粉 ……… 大さじ1½
水 ……… カップ1½
塩 ……… 小さじ½
こしょう ……… 少々
牛乳 ……… カップ1

# キャベツと薄焼き卵とハムのサラダ

キャベツとハム、卵という、
なんてことのない組み合わせなのに、
なぜか後を引くマリネ風サラダ。隠し味程度に
ドレッシングに砂糖を加えるのがポイントです。

材料（2人分）
キャベツ —— 2〜3枚（1/6個・200g）
きゅうり —— 1本
ロースハム —— 3枚（45g）
卵 —— 1個
砂糖 —— 小さじ1
塩 —— 少々
サラダ油 —— 少々
ドレッシング
┌ おろし玉ねぎ —— 1/8個分（30g）
│ 酢 —— 大さじ1
│ 塩、砂糖 —— 各小さじ1/3
│ こしょう —— 少々
└ サラダ油 —— 大さじ2

作り方
1 キャベツは5cm長さ1cm幅に切り、芯は薄切りにする。きゅうりは縦半分の斜め薄切りにする。ロースハムは半分に切って1cm幅に切る。
2 卵を割りほぐして砂糖、塩で味をつけ、サラダ油を熱したフライパンに流し入れ、薄く焼く。5〜6cm長さ1cm幅に切る。
3 ドレッシングを作る。ボウルにおろし玉ねぎ、塩、こしょう、酢、砂糖を入れてよく混ぜ、サラダ油を加えて混ぜ合わせる。
4 1、2を3であえる。

サラダ油を入れる前に、塩や砂糖を酢でよく溶かします。

# せん切りキャベツのすりごまソースがけ

トンカツ屋さんのせん切りキャベツをイメージ。
ザクザクと刻み、中濃ソースと
すりごまをかけたらでき上がり。
キャベツが思いのほかモリモリ食べられます。

材料（2人分）
キャベツ —— 1/4個（300g）
中濃ソース —— 大さじ2
白すりごま —— 大さじ2

作り方
1 キャベツはせん切りにし、芯もせん切りにする。
2 器に1を盛り、中濃ソースをかけ、白すりごまをふる。

キャベツは葉を縦に3等分に切って重ね、端から細く切ります。芯は薄切りにし、さらにせん切りに。

# 白菜と手羽元のとろとろ煮

じっくり煮込むので、芯と葉は大きめに切ります。縦半分に切り、さらに長さを3等分に。

手羽元と白菜は水から、じっくりと煮ます。手羽元はうまみがじわじわと出てスープがおいしくなり、白菜はとろとろに！

## 作り方

1　白菜は縦半分に切り、長さ3等分に切る。

2　鍋に手羽元、分量の水を入れ、ふたをして中火にかける。煮立ったらアクをとり、白菜を入れ、再び煮立ったらAで調味し、ふたをして弱火で40～50分煮る。野菜がやわらかくなり、手羽元の骨が外れるくらいになったら、でき上がり。

とろとろの白菜、骨からほろりと外れる手羽元。どちらも、じっくりコトコト煮込むからこそ味わえるおいしさです。シンプルな味つけで素材の味をいかします。

## 材料（2人分）

| | |
|---|---|
| 白菜 | ¼株 (500g) |
| 手羽元 | 6本 (300g) |
| 水 | カップ1½ |
| A　酒 | 大さじ2 |
| 　　しょうゆ | 大さじ1 |
| 　　塩 | 小さじ½ |

# 白菜と豚バラのみそ鍋

花びらのようなビジュアルを楽しんだ後、
ほどよいみそ味のスープと、
豚肉のうまみを吸い込んだ白菜を味わいましょう。
白菜と豚肉は、お互いを引き立てる
バツグンの相性です。

白菜の芯をつけたまま葉を持ち上げ、下から豚肉をはさんでいきます。

切り口を上にして並べると、花のようできれい。

### 作り方

1　白菜の芯をつけたまま、葉の間に豚肉をはさむ。白菜の幅の広いところには豚肉を2枚のせる。鍋の高さに合わせて5～6等分に切る。

2　1の切り口を上にして鍋に花のように並べる。分量の水を7分目くらいまで加え、酒を入れ、ふたをして中火にかける。煮立ったらアクをとり、ふたをして弱火で20～30分煮る。白菜がクタッとしたら、みそを溶き入れてひと煮する。

### 材料（2人分）

白菜 ―――― 1/4株 (500g)
豚バラ薄切り肉 ――― 200g
煮汁
　┌ 水 ―― カップ 2～3
　└ 酒、みそ ――― 各大さじ3

白菜とさけのクリーム煮

白菜がおいしくなるころ、旬を迎えるさけ。
同じ季節の素材は相性がいいことを証明する
レシピです。白菜はやわらかくなるまで、
さけはさっと煮て作ります。

さけは酒をふって電子レン
ジで蒸し煮にしておくと、
臭みがとれ、煮る時間が
短くなります。

白菜に小麦粉をふり入れ
たら、粉っぽさがなくなる
まで炒めて牛乳を加えます。
この方法なら、失敗なし！

## 作り方

1 さけは1切れを3等分に切り、耐熱容器にのせて下味の調味料をふり、ラップをかけて電子レンジで約2分加熱する。白菜は縦半分に切り、3cm幅に切る。

2 フライパンにバターを溶かし、白菜を入れてカサが減るまで弱めの中火で2〜3分炒める。小麦粉をふり入れて炒め、粉っぽさがなくなったら牛乳を加え、中火にしてよく混ぜる。煮立ってとろみがついたら1分ほど煮て、白菜がやわらかくなったらさけを加え、塩、こしょうをしてひと煮する。

## 材料（2人分）

白菜 —— 小⅙株 (300g)
生さけ —— 2切れ (200g)
下味
 ┌ 塩 —— 小さじ¼
 └ 白ワイン —— 大さじ1
バター —— 大さじ2
小麦粉 —— 大さじ2½
牛乳 —— カップ2
塩 —— 小さじ⅔
こしょう —— 少々

白菜と
ハムの
クリーム
グラタン

とろーりホワイトソースに少し歯応えを残した
白菜がしっくりなじみます。
そこにハムが塩け、
チーズがうまみとコクをプラス。
一口ごとにカラダの芯から温まります。

歯応えを残したいときは、
繊維に沿って切ります。厚
みのある芯は 1cm 幅に、
厚みの薄い葉は 3 ～ 4cm
幅に。

すぐに煮える白菜の葉は
炒めずに、ソースが煮立っ
てから加えます。

作り方

1　白菜は 6 ～ 7cm 長さに切り、芯は縦 1cm 幅、葉は縦 3 ～ 4cm 幅に切る。ハムは 1cm 幅の短冊切りにする。

2　鍋にバターを弱火で溶かし、白菜の芯を入れて弱めの中火で色づかないように炒める。全体に油が回ったら小麦粉を加えて炒め、粉っぽさがなくなったら牛乳を一気に注ぎ、中火にする。煮立ったら白菜の葉、ハムを加え、よく混ぜながら 2 ～ 3 分、葉に火が通るまで煮て、塩、こしょうをしてひと煮する。

3　耐熱容器に 2 を入れ、ピザ用チーズをふり、200℃のオーブンで 10 ～ 15 分、表面にきれいな焼き色がつくまで焼く。

材料（2 人分）

白菜 ──── ¼株（500g）
ハム ──── 1 パック（80g）
バター ──── 大さじ 2
小麦粉 ──── 大さじ 2½
牛乳 ──── カップ 2
塩 ──── 小さじ½
こしょう ──── 少々
ピザ用チーズ ──── 大さじ 3

プリッとしたえびととろりとした白菜の
対照的な食感を楽しみたいから、えびは
いったんとり出し、火を通しすぎないように
します。少しとろみのある味つけが、
全体のまとめ役。

# 白菜とえびの炒めもの

白菜は白い芯の部分をV字に切りとり、葉と分けます。

味が染みやすいよう包丁を寝かせて薄くそぐように切り（＝そぎ切り）、葉は少し大きめに切ります。

えびは背中から切り込みを入れると、火が通ったときに少し反り返り、見た目にきれい。

## 作り方

1 白菜は芯と葉に分け、芯は縦半分に切って2〜3cm大のそぎ切りにし、葉は5〜6cm長さに切る。えびは殻をむいてさっと洗い、背中から切り込みを入れて背ワタをとり、水けを拭き、半分に切って酒をからめる。合わせ調味料は混ぜ合わせる。

2 1のえびの汁けを拭いて片栗粉をまぶし、サラダ油大さじ1を熱したフライパンでさっと炒め、色が変わったらとり出す。

3 2のフライパンをきれいにしてサラダ油大さじ1を熱し、しょうがを入れて弱火で炒め、香りが出たら中火にして白菜の芯を入れて1〜2分炒め、少ししんなりしたら葉を加えて炒める。

4 白菜がしんなりしてきたら、2を戻し入れ、合わせ調味料を加えて炒め合わせる。

## 材料（2人分）

白菜 ──── 小1/6株（300g）
えび ──── 中4〜5尾（100g）
酒 ──── 大さじ1
合わせ調味料
　水 ──── カップ1/4
　酒 ──── 大さじ1
　しょうゆ ──── 小さじ1
　砂糖、塩 ──── 各小さじ1/2
　こしょう ──── 少々
　ごま油、片栗粉 ──── 各小さじ1
片栗粉 ──── 小さじ1
サラダ油 ──── 大さじ2
しょうがの薄切り ──── 3〜4枚

## 白菜とりんごのサラダ

シャキシャキサクサク！
生の白菜は歯応えが小気味よく、
甘みと酸味のあるりんごのおかげで、
いくらでも食べられます。
シンプルなドレッシングでさっぱりと仕上げて。

### 作り方

1　白菜は縦半分に切り、芯は横に薄く切り、葉は5mm幅に切る。りんごは皮をきれいに洗い、皮つきのまま2〜3等分のくし形に切り、横2〜3mm幅に切る。水にさっと通し、水けをきる。

2　ボウルにドレッシングの材料を混ぜ合わせ、1を加えてあえる。

### 材料（2人分）

白菜 ——— 1〜2枚 (150g)
りんご ——— ¼個
ドレッシング
┌ サラダ油 ——— 大さじ1
│ 酢 ——— 大さじ½
│ 塩 ——— 小さじ¼
└ こしょう ——— 少々

生で食べる場合は、ほどよくやわらかくなるよう、繊維を断ち切って横に切ります。厚みがある芯は薄く、薄い葉は芯よりも少し厚めに。

# 第二章 おなじみ野菜のおかず

## ほうれん草

鉄分やカロテン、ビタミンB群、Cが豊富な野菜。独特のえぐみがあり、油やバターでの調理や、卵を組み合わせるとおいしくなります。えぐみの中に甘みもあり、じっくりゆでることで出てきます。クリーム味やカレー味と相性がいい。

## 小松菜

野菜の中では、カルシウムや鉄分の含有量はトップクラス。アクが少なく、下ゆでせずに炒めものなどに使える手軽さも魅力です。油との相性がよく、炒めものにするほか、油揚げや厚揚げ、ごまと合わせるとおいしくなります。

## 春菊

独特の香りと苦みがあります。その香りには食欲増進効果があるとか。その他、カロテンも豊富です。鍋ものに使うことが多い野菜ですが、生で食べるのもおすすめ。ごまやくるみなどの油分のあるもの、甘みのある素材とも相性がいい。

## にら

独特の強い香りが特徴のにらは、ギョーザを始めとする中華料理に欠かせません。卵焼きやオムレツなどの卵料理にしてもおいしくなります。栄養満点で、強い香りのもとである硫化アリルがビタミン$B_1$の吸収を助け、糖の分解を促進するといわれます。

## チンゲン菜

中国野菜の代表。クセが少なく、加熱してもカサが減らず、煮くずれが少ないことから、使いやすい野菜です。クリーム系の味つけや、中華食材、油と組み合わせるとおいしさアップ。ビタミンCやカロテンなどが豊富な緑黄色野菜です。

## レタス

シャキシャキと食感がよく、サラダに欠かせない、レタス。加熱してもおいしく、火を通すとしなシャキッとした食感になり、甘みが増します。カサが減るので一度にたくさんの量が食べられ、カロテンの吸収率が上がるというメリットも。

## セロリ

清涼感のある香りとシャキシャキとした食感が特徴の料理の名脇役的存在。肉や魚の臭み消しになる他、生のままサラダやマリネに活躍します。加熱するとホクッとした食感に変化し、こちらも美味。香り成分にはイライラ解消を鎮める働きも。

## かぶ

ほのかな苦みと自然な甘みがある、かぶ。生で薄く切るとなめらかな食感が、厚く切るとコリコリ感が味わえます。天然の白い色をいかし、鮮やかな色の食材と合わせるときれいです。実の部分は消化酵素を含み、葉にはカロテン、ビタミンCが豊富。

## れんこん

シャキシャキとした食感が人気のれんこんは、加熱したときのホクホク感、すりおろして加熱したときのもちもち感もおいしい野菜。土っぽい香りが特徴です。意外にもビタミンCが豊富で、胃の粘膜を強化するムチンも多く含みます。

## ごぼう

力強い大地の香りとコリコリした食感があります。和食のイメージが強いですが、トマト味やクリーム味などの洋風味とも意外なほど合います。素材なら、牛肉やさんまと相性バツグン。栄養的には水溶性、不溶性、両方の食物繊維を豊富に含みます。

## 玉ねぎ

サラダ、煮もの、炒めもの、揚げものなど、どんな調理法でもおいしい野菜です。生のままなら、その辛みが料理のアクセントになり、加熱すると甘みが引き出されます。香味成分の硫化アリルには、ビタミン$B_1$の吸収を高める働きがあります。

## にんじん

カロテンは野菜の中でダントツ！　粘膜を鍛え、免疫力を高める効果があるとか。カロテンは脂溶性なので、油やナッツ、ごまなどの油脂を含む食材と相性がいいです。その他、クミンなどのスパイスとも合い、強い甘みは加熱するとよりアップ。

## トマト

甘みと酸味が強く、火を通すと甘みがアップするので、調味料のような使い方もできます。洋風だけでなく、だしやしょうゆ、みそなどの和風の味つけと相性がいいのも特徴。赤い色素成分のリコピンには、強い抗酸化作用があります。

## ピーマン

強い苦みの中にほのかな甘みがある野菜。カロテンが多く、油と一緒に調理すると吸収力がアップし、味わいも増します。その他、ビタミンCも豊富です。うまみの強い食材と合わせるか、味つけを濃くするとおいしく食べられます。

## パプリカ

形からわかるようにピーマンの仲間。甘みとうまみが強く、ジューシーなのが特徴です。果肉が厚く、食べ応えがあるのもいいところ。焼いて皮をむいて食べるとおいしく、油との相性もいい。ビタミンC、カロテンが豊富。

## かぼちゃ

ホクホクとした食感、強い甘みがあるかぼちゃは、ビタミンA、C、Eを含む栄養満点の野菜。ハム、ベーコンなどの肉の加工品と合わせたり、にんにくやカレー粉、クミンなどスパイシーな味つけにすると、おかずやつまみとしても楽しめます。

## ズッキーニ

かぼちゃの仲間。独特の歯応えがあり、味わいは淡泊でクセがなく、ほのかな甘みがあります。揚げる、焼く、炒めるなど、油との調理が合いますが、生のまま食べてもおいしい。カリウム、カロテン、ビタミンCを豊富に含みます。

## なす

クセがなく、味つけを選びません。特にみそ味、トマト味、ごま風味などの濃い味がよく合います。加熱すると独特のとろりとした食感になるのも魅力。皮に含まれるナスニンはポリフェノールの一種で、強い抗酸化作用があります。

## ゴーヤ

独特な苦みはモモルデシンという成分で、血糖値を下げる働きがあるといわれます。ビタミンCも豊富で、加熱しても壊れにくいのが特徴。油と相性がよく、みそ味ともよく合います。また、卵と組み合わせると苦みがやわらぎます。

## きゅうり

シャキシャキとしたさわやかな歯応えとみずみずしさがあります。漬けもの、サラダ、酢のものなど生で食べるのが一般的ですが、さっと炒めてもおいしくなります。利尿作用があり、余分なナトリウムを排出させるカリウムを含みます。

## とうもろこし

強い甘み、プチプチっとした食感が楽しい野菜です。甘みをいかすなら、シンプルな塩味で味つけするのがおすすめ。また、乳製品とも相性がよく、ポタージュにするほか、バターで炒めてもおいしい。食物繊維や疲労回復に効くアスパラギン酸が豊富。

## さやいんげん

キュッキュッという独特な歯応えのさやいんげんは、カロテンやアスパラギン酸などたくさんの栄養を含みます。歯触りを楽しむさっとゆで、豆の甘みが味わえるじっくり加熱の2つを使い分けると、料理の幅が広がります。

## スナップえんどう

さや豆の中でも甘みが強く、肉厚で歯応えのよさが身上。豆に豊富な食物繊維やカルシウムと、緑黄色野菜に含まれるビタミンC、カロテンの両方をバランスよく含みます。ゆでるときも炒めるときも、さっと加熱すると持ち味の食感がいきます。

## 里いも

ねっとりとしたぬめり、ほのかな甘みがあります。ぬめり成分は、長いもにも含まれるムチンという成分。いもの中では比較的低カロリーなのも特徴です。薄味で仕上げるとねっとり感がいき、みそ味や甘辛味にするとしみじみとしたおいしさに。

## 長いも・大和いも

いも類の中で、唯一生でも食べられます。粘りがあり、生ならシャキシャキ、おろすととろり、加熱するとほっこりとした食感に。特に大和いもは粘りが強い。ぬめり成分のムチンは胃の粘膜を保護し、タンパク質の消化吸収を助ける働きが。

## じゃがいも

ホクホク感がおいしいじゃがいもは、ゆでる、煮る、揚げる……どんな調理法でもおいしく、何かと使える野菜。せん切りにして炒めるとシャキシャキ感も味わえます。ビタミンCをたっぷり含み、加熱しても壊れないのもうれしいところ。

## ブロッコリー

ほっくりとした食感、ほのかな甘みが特徴。さっとゆでたとき、クタクタになるまでゆでたとき、どちらもそれぞれおいしく食べられます。また、ゆでずにじかに炒めると適度な歯応えが残ってこちらも美味。ビタミンC、カロテン、カリウムが豊富。

## アスパラガス

自然な甘みと風味があるアスパラガスは、ゆでて食べるほか、じか焼きすると甘みが凝縮されて歯応えもよくなります。油調理と合うほか、形をいかして肉巻きにするとおいしい。アスパラギン酸が豊富で、疲労回復に役立つといわれます。

## ねぎ

生のままだと強い香りと辛みがあり、薬味として欠かせません。また、加熱すると甘みが出て、長時間じっくりと加熱するととろりとした食感になります。強い香り成分は硫化アリルで、血行をよくする働きがあるといわれます。

## もやし

リーズナブルで切らずにすぐ調理に使えるのも魅力。また、味が主張しないので、いろいろな味つけに合うのも使い勝手のいい理由のひとつ。持ち味のシャキシャキ感をいかし、加熱はさっと！が基本です。アスパラギン酸、ビタミンCが豊富で低カロリー。

## きのこ

香りが豊かで、独特の食感とうまみが持ち味。中でも干ししいたけはうまみが強く、スープや鍋などのだしとしても使えるほど。3種類以上を合せることで、香りや歯応えが複雑になり、味の相乗効果が期待できます。きのこはどれも低カロリーで食物繊維豊富。免疫機能を回復させる$\beta$グルカンは特にまいたけに、ビタミン$B_1$はえのきに多く含まれます。

## ほうれん草と鶏肉のカレークリーム煮

独特のえぐみがあるほうれん草を、カレー粉と牛乳でスパイシー＆クリーミーにしたカレー。ほうれん草はさっとゆで、最後に加えてひと煮する程度に火を通します。

根元を少し落とし、一文字の切り込みを入れてから洗うと根元の土や汚れが落ちやすい。

火の通りにくい根元を入れ、ひと呼吸おいて茎、最後に葉の順に入れ、一緒にゆで上げます。切ってから順にゆでたほうが火の通りが均一になります。

### 作り方

1 ほうれん草は根元を少し切り落とし、根元に切り込みを入れて水につけて汚れを洗い、長さを3〜4等分に切る。鶏肉は余分な脂をとり除き、縦半分に切って小さめの一口大に切り、Aで下味をつける。

2 熱湯でほうれん草の根元、茎、葉の順に入れてひと混ぜし、ざるに上げ、粗熱をとって水けを絞る。

3 フライパンにバターを溶かし、鶏肉に小麦粉をしっかりとまぶしつけて入れ、炒める（残った粉も加える）。鶏肉の色が変わったらカレー粉を加えて炒め、香りが出たら牛乳を加え、混ぜながら煮立てる。ときどき混ぜながら1〜2分煮て、とろみが出たら、2を加えてひと煮し、塩、こしょうで調味する。

### 材料（2人分）

ほうれん草 ……… 1束 (200g)
鶏もも肉 ……… 1枚 (200g)
A□ 塩、こしょう ……… 各少々
バター ……… 大さじ1½
小麦粉 ……… 大さじ2
カレー粉 ……… 大さじ1
牛乳 ……… カップ2
塩 ……… 小さじ½
こしょう ……… 少々

一口ごとに元気になりそう！
ほうれん草は水分が出ないように、
しっかりと水けを拭いてから炒め、
強火で水分をとばすように炒めます。
味をマイルドにする卵はマスト素材。

# ほうれん草チャーハン

葉は、小口から細かく切り、縦に 3 〜 4 等分にし、さらに細かくします。

炒めたときにベチャッとしないように、水けをしっかりと拭きとります。キッチンペーパー全体にのせ、手前からくるくると巻くとよくとれます。

## 作り方

1　ほうれん草は根元を少し切り落とし、根元に切り込みを入れて水につけて汚れを洗い、みじん切りにする。キッチンペーパーで包んで水けをしっかりとり除く。卵は割りほぐし、塩1つまみを混ぜる。

2　フライパンにサラダ油大さじ½を強火で熱し、卵を流し入れ、手早くかき混ぜてやわらかいいり卵を作り、器にとり出す。

3　2のフライパンをきれいにしてサラダ油大さじ1を熱し、ほうれん草を入れて強火で炒める。油が回ったら温かいごはんを加えてほぐしながらざっと炒め、ほうれん草とよく混ざったら2のいり卵を戻し入れ、塩小さじ½、こしょうをふって炒め合わせる。

## 材料（2人分）

温かいごはん ──── 300g
ほうれん草──── 1束 (200g)
卵──── 1個
塩──── 適量
サラダ油 ──── 大さじ 1½
こしょう ──── 少々

# ほうれん草としいたけのバターじょうゆ炒め

バターの甘い香りとしょうゆの香ばしさが、
ほうれん草によく合います。
ほうれん草はあらかじめさっとゆでておき、
手早く炒め合わせるのがコツ。
ちくわとしいたけでボリュームアップ。

## 作り方

1　ほうれん草は根元を少し切り落とし、根元に切り込みを入れて水につけて汚れを洗う。長さを半分に切り、茎の部分は縦半分に切って、葉と茎の部分に分けておく。ちくわは1cm幅の斜め切りにする。しいたけは石づきをとり除き、半分に切る。

2　熱湯にほうれん草の茎、葉の順に入れてさっとゆで、しんなりとしたらすぐにざるに広げ、温かいうちに水けをよく絞る。

3　フライパンにサラダ油を熱し、しいたけを入れて強火で炒め、焼き色がついたら、ちくわを入れてさっと炒める。ほうれん草をほぐしながら加えてざっと炒め、鍋肌からしょうゆを回し入れ、粗びき黒こしょうをふり、バターを加えて炒め合わせる。

最近のほうれん草はアクが少ないので、ゆでたら水にとらず、ざるに広げて冷ませば大丈夫。そのほうが水っぽくならず、ビタミンも抜けません。

すでに火が通っているので、ざっと炒め、温まればOKです。

## 材料（2人分）

ほうれん草 ……… 1束 (200g)
ちくわ ……… 2本 (70g)
しいたけ ……… 1パック (100g)
サラダ油 ……… 大さじ1
しょうゆ ……… 大さじ1
粗びき黒こしょう ……… 少々
バター ……… 大さじ1

## ほうれん草とベーコン、ゆで卵のサラダ

デリで人気のサラダ。ほうれん草を
おいしくしてくれる、カリカリベーコン、
うまみが強いアンチョビー、
とろりとコクのあるゆで卵をトリプルで使って。

生で食べる場合は、冷水
につけてシャキッとさせ、
水けをよくきります。

ゆで卵はお好みですが、
半熟状にゆで、全体にから
めて食べるのがおすすめ。

### 作り方

1　ほうれん草は根元を少し切り落とし、根元に切り込みを入れて水につけて汚れを洗う。5cm 長さに切り、冷水に 3 分ほどつけてシャキッとさせ、ざるに上げて水けをよくきる。ベーコンは 1.5cm 幅に切る。

2　フライパンに油を敷かずにベーコンを入れて炒め、しんなりしたらキッチンペーパーの上にとり出し、脂をとる。

3　アンチョビーはみじん切りにし、ドレッシングの残りの材料と混ぜ合わせる。

4　器にほうれん草をのせ、2 のベーコンを散らし、殻をむいたゆで卵を半分に割ってのせ、3 のドレッシングを回しかける。

### 材料 (2 人分)

サラダほうれん草―――1 ～ 2 束 (150g)
ベーコン―――2 枚 (30g)
ゆで卵 ( 熱湯から 6 分ゆで )―――1 個
ドレッシング
┌ アンチョビー―――2 枚
│ オリーブ油―――大さじ 1 ½
│ レモン汁―――大さじ ½
└ 塩、こしょう―――各少々

## 小松菜と厚揚げのにんにく炒め

ゆでずにそのまま炒められる小松菜は、
使い勝手のいい野菜。ボリューム＆味出しの
厚揚げを合わせたら、ささっと完成。
最後にしょうゆをたらし、香ばしさを加えます。

根元の部分は汚れている
ので切り落とす。根元から
5cm分は縦4等分に切り、
水にさらして土などの汚れ
を落とします。

太い茎は火が通りにくい
ので先に炒め、ひと呼吸
おいて葉を加えて手早く
炒め合わせます。

### 作り方

1　小松菜は根元を切り落とす。根元から5cm
　分切り、縦4等分に切り、水につけて汚
　れを落とし、ざるに上げる。残りは4〜
　5cm長さに切り、茎と葉にざっと分ける。

2　厚揚げは熱湯にさっと通して油抜きをし、
　一口大の1cm厚さに切る。

3　フライパンにサラダ油を熱し、にんにく、
　赤唐辛子を入れて弱火で炒め、香りが出
　たら、厚揚げを入れ、中火で2〜3分両
　面を焼きつける。小松菜の茎、葉の順に
　加えて炒め、鍋肌から酒、しょうゆを入れ、
　味をみて、塩で調味して炒め合わせる。

### 材料（2人分）

小松菜 ……… 1束（200g）
厚揚げ ……… 1枚（200g）
にんにくの薄切り ……… 1かけ分
赤唐辛子（種をとる）……… 1本
サラダ油 ……… 大さじ1
酒、しょうゆ ……… 各大さじ1
塩 ……… 少々

チンゲン菜

# レンチンチンゲン菜の ザーサイあえ

チンゲン菜をレンジ加熱して、ザーサイを
あえるだけ。仕上げのごま油が
豊かな香りをプラスし、
一気においしさがランクアップします。

**材料（2人分）**
チンゲン菜 —— 2株 (200g)
ザーサイ (味つけ) —— 20g
A ┌ しょうゆ —— 小さじ1
　 └ ごま油 —— 小さじ1

← 根元は縦に切るとサクサ
ク感が残ります。

**作り方**
1　チンゲン菜は長さを2等分に切り、根元は
　　放射状に4等分にし、葉の大きい部分は
　　半分に切る。
2　耐熱容器に1を入れ、ラップをかけて電
　　子レンジで約2分加熱する。ざるに上げ
　　て粗熱をとり、水けを絞る。ザーサイはせ
　　ん切りにする。
3　ボウルに2を入れ、Aを加えてよく混ぜる。

春菊

# 春菊とねぎの サラダ 韓国風

ほろ苦さと野性的な香りを持つ春菊。
個性をいかしたいなら、生で味わいましょう。
辛みのあるねぎと、にんにく風味の
ピリッと辛いたれを合わせ、味わい深いサラダに。

**材料（2人分）**
春菊 —— 1束 (150g)
ねぎ —— 10cm (20g)
ピリ辛だれ
　┌ 豆板醤 —— 小さじ¼
　│ しょうゆ、酢、ごま油 —— 各大さじ½
　└ おろしにんにく —— 少々
白すりごま —— 大さじ½

←

茎は太いので、縦に2〜
3等分に切ると食べやすく
なります。

**作り方**
1　春菊は葉を摘み、食べやすい長さにちぎ
　　る。茎は縦2〜3等分の薄切りにする。
　　ねぎは長さ半分に切り、芯をとって縦にせ
　　ん切りにする。共に冷水に3分ほどさらし、
　　ざるに上げて水けをよくきる。
2　たれの材料を混ぜ合わせ、1をあえ、すり
　　ごまをふってざっとあえる。

にら
ギョーザ

ザクザクと刻んだにらをたっぷり詰め込んだ、
一口ギョーザ。にらを加えるタイミングは、
調味料やしょうがにんにくをよく混ぜてから。
肉にしっかり味をつけたほうが、
おいしくなります。

にらは根元を少し切り落としたら、すべて食べられます。端から小口切りに。

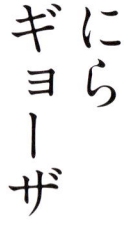

よく練り混ぜると、ジューシーなギョーザに仕上がります。

作り方

1　にら、ねぎは小口切りにする。
2　ボウルに豚ひき肉、A、にんにく、しょうがを入れ、よく練り混ぜ、1を加えてさらに混ぜ合わせる。
3　ギョーザの皮に2を小さじ1くらいのせ、皮の縁を水でぬらして2つ折りにし、中心にヒダが寄るようにしっかりと合わせる。
4　フライパンにサラダ油少々を熱し、ギョーザを並べて中火で2〜3分焼く。底に薄く焼き色がついたら湯を6〜7mm高さまで注ぎ、ふたをして蒸し焼きにする。水分がなくなったらふたをとり、サラダ油大さじ½を縁から入れ、皮がカリッとするまで焼く。好みで、しょうゆ、酢、ラー油などをつけて食べる。

材料（小24個分・2〜3人分）
ギョーザの皮——1袋 (24枚)
にら——1束 (100g)
ねぎ——½本 (50g)
豚ひき肉——100g
おろしにんにく——½かけ分
おろししょうが——½かけ分
A┌ごま油——小さじ2
　├塩——小さじ½
　└こしょう——少々
サラダ油——適量
しょうゆ、酢、ラー油——各適量

にらは歯応えを残したい
ので、強火でさっと炒める
程度でOK。

## にら玉炒め

グリーンと黄色が目にも鮮やかなにらと卵は、
食感の相性もいい組み合わせ。
卵はあくまでふんわりと、
にらはシャキッと歯応えを残して炒めます。

材料（2人分）
にら——1束 (100g)
卵——2個
塩——2つまみ
サラダ油——大さじ2
酒——小さじ1
塩、こしょう——各少々
ごま油——小さじ1

作り方

1 にらは5〜6cm長さに切る。卵は割りほぐ
し、塩を加えて混ぜる。

2 フライパンにサラダ油大さじ1を熱して卵
を流し入れ、大きく混ぜてやわらかめのい
り卵を作り、とり出す。

3 2のフライパンにサラダ油大さじ1を熱し、
にらを入れて強火で炒め、2を戻し入れ、
鍋肌から酒、塩、こしょうをふって炒め合
わせ、仕上げにごま油をかける。

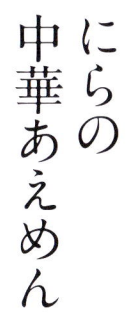
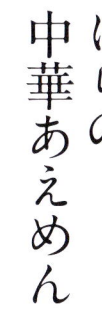

にらはさっと炒めて少しし
んなりさせると、めんとよ
くなじみます。

## にらの中華あえめん

さっと炒めて香りを出したにらを
たっぷりからめた、パワフルめん。
サクサクカリカリの桜えびの歯ごたえ、
しょうがとごま油の香りが、さらに食欲を刺激します。

材料（2人分）
中華めん (太めん)——2玉
にら——1束 (100g)
桜えび——大さじ4 (8g)
しょうがのせん切り——1かけ分
ごま油——大さじ2
塩——小さじ½
こしょう——少々

作り方

1 にらは1〜2cm長さに切る。

2 鍋にたっぷりの湯をわかし、中華めんをほ
ぐし入れ、袋の表示通りにゆでる。

3 フライパンにごま油を熱し、しょうがと桜
えびを炒め、香りが出てきたら1のにらを
加えてさっと炒め、塩、こしょうをふって
火を止める。

4 ゆで上がった1の中華めんを熱湯をくぐら
せてぬめりをとり、水けをきって3に加え
てさっと混ぜる。

白髪ねぎは、ねぎの持つ辛みと香りを
いかす切り方。レンジ蒸しにしたささ身を合わせ、
辛みの利いたドレッシングでサラダにしました。
そのままつまみにしても、めんにのせても。

# 白髪ねぎと
# ささ身の
# サラダ

## 白髪ねぎ

ねぎの白い部分を 5cm 長
さに切り、縦に切り込みを
入れ、芯をとり除きます。

数枚重ね、縦に端から細
く切り、その後水にさらし
ます。

作り方

1　耐熱容器にささ身を入れ、Aの調味料を
　　かけ、ねぎをのせ、ラップをかけて電子レ
　　ンジで約2分加熱する。そのまま粗熱が
　　とれるまでおく。

2　ねぎは5cm長さに切って白髪ねぎにし、青
　　い部分も少しせん切りにし、一緒に水にさ
　　らす。シャキッとしたらざるに上げ、水けを
　　よくきる。

3　1のささ身は細かく裂く。ドレッシングの
　　材料は混ぜ合わせる。

4　ボウルにささ身、2を入れ、ドレッシングで
　　あえる。

材料（2人分）

ねぎ────1本 (100g)
鶏ささ身───1〜2本 (80g)
A┌ねぎ（青い部分）────5cm
　├酒────小さじ1
　└塩────少々
ドレッシング
　┌ごま油、サラダ油、酢
　│────各大さじ½
　│塩────小さじ⅓
　│こしょう────少々
　└豆板醬────少々

# ねぎと牛肉のくたくた煮

くたくたにやわらかく煮え、牛肉のエキスを
ぷっくりと吸ったねぎが、口の中でとろけます。
まずは落としぶたと鍋ぶたで、その後は
落としぶただけの二段階加熱がおいしく作るカギ。

材料（2人分）
牛切り落とし肉 —— 100g
ねぎ —— 3本
A┌ 水 —— カップ¼
 │ 酒、みりん —— 各大さじ1
 │ しょうゆ —— 大さじ1½
 └ 砂糖 —— 小さじ1

作り方

ねぎの存在感を出したいときは、長めに斜めに切ります。

1 ねぎは8〜10cm長さの斜め切りにする。牛肉は大きいものは食べやすく切る。
2 鍋にAを入れて火にかけ、煮立ったら牛肉を広げて入れ、浮いてきたアクをとり除き、ねぎを加え、落としぶたと鍋ぶたをして10分ほど煮る。ねぎのカサが減り、水分が出てきたら落としぶただけにし、ときどき返して汁けが少なくなるまで10分ほど煮る。くたっとやわらかくなったら、でき上がり。

# たこのねぎ塩だれのせ

みじん切りのねぎにごま油と塩を混ぜる。
ただそれだけなのに、合わせる素材を
うんとおいしくしてくれるのが
「ねぎ塩」のいいところです。たこときゅうりの他、
豆腐や焼き肉にのせても。

材料（2人分）
ゆでだこ —— 1本（150g）
きゅうり —— 1本
ねぎ塩だれ
 ┌ ねぎ —— 小1本
 │ ごま油 —— 大さじ1½
 │ レモン汁 —— 大さじ½
 └ 塩 —— 小さじ⅓
こしょう —— 少々

| ねぎのみじん切り |
| --- |

ねぎは太さの中心まで、包丁の先で短い縦の切り込みを全面に入れます。この後、小口から切るとみじん切りの完成。

作り方

1 ねぎはみじん切りにし、ねぎ塩だれの残りの材料と混ぜ合わせる。
2 きゅうりは長さ半分に切って縦に薄切りにし、たこは薄切りにする。
3 器にきゅうり、たこを盛り、1のねぎ塩だれをかける。

## セロリと牛しゃぶしゃぶ肉のマリネ

セロリは清涼感のある香りとシャキシャキの食感が
おいしさ。やわらかくゆでた牛肉を合わせ、
その特徴を際立たせます。
レモンと粗びき黒こしょうが味を引き締めます。

セロリは葉と細い茎をとり、
切り口部分の筋に包丁を
当てて手前に引くように
して筋をとります。

茎は縦半分に切り、5mm
幅に斜めに切ると、食べ
やすいサイズになります。

### 作り方

1　セロリは筋をとり、縦半分に切って斜め
　5mm幅に切る。葉は食べやすい大きさに切
　る。玉ねぎは縦薄切りにし、水に5分ほ
　どさらし、水けをよくきる。

2　セロリをざるにのせ、熱湯にさっと通して
　引き上げ、流水で粗熱をとって水けをきる。
　同じ湯に牛肉を菜箸で2～3枚ずつ入れ
　て泳がせるようにし、色が変わったら冷水
　にとり、粗熱がとれたら水けをとる。

3　ボウルにドレッシングのレモン汁、塩を入
　れてよく混ぜ、塩が溶けたらオリーブ油を
　加えて混ぜ、粗びき黒こしょうを加え、玉
　ねぎ、2を加えてあえる。

### 材料（2人分）

セロリ —— 1本
玉ねぎ —— 1/4個
牛しゃぶしゃぶ肉 —— 100g
ドレッシング
┌ レモン汁 —— 大さじ1
│ 塩 —— 小さじ1/2
│ オリーブ油 —— 大さじ1 1/2
└ 粗びき黒こしょう —— 少々

セロリ

炒めたセロリは色鮮やか。
鶏胸肉を合わせ、味つけは塩にし、
セロリのひすい色を引き立てます。

# セロリと鶏胸肉の中華炒め

鶏肉に片栗粉をまぶしておくと、とろみがつき、鶏胸肉がパサつきません。うまみをガードする役目も。

## 材料（2人分）

セロリ —— 1本 (150g)
鶏胸肉 —— 小1枚 (150g)
しょうがの薄切り —— ½かけ分
A ┌ 塩 —— 少々
　├ 酒 —— 大さじ½
　└ 片栗粉 —— 小さじ1
合わせ調味料
　┌ 塩 —— 小さじ⅓
　├ こしょう —— 少々
　├ 酒 —— 大さじ1
　├ 片栗粉 —— 小さじ⅓
　├ ごま油 —— 小さじ1
　└ 水 —— 大さじ1
サラダ油 —— 大さじ1

## 作り方

1 セロリは筋をとり、4～5cm長さ5mm厚さに切る。葉は2～3等分に切る。鶏肉は5cm長さに切り、繊維に沿って5mm幅の細切りにし、Aで下味をつける。合わせ調味料は混ぜ合わせる。

2 フライパンにサラダ油を熱し、しょうがを入れて炒め、香りが出たらセロリを入れて1分ほど炒める。セロリが鮮やかな色になったら端に寄せ、鶏肉を加えて炒め、色が変わったらセロリの葉、合わせ調味料を加えて手早く炒め合わせる。

レタス

さっと火を通したレタスは、
シナッシャキッの絶妙な食感です。
濃厚な味がベストマッチ。

# レタスとエリンギの炒めもの

レタスは金けを嫌うので、包丁で切らずに、手でちぎります。

## 材料（2人分）

レタス —— 大½個 (200g)
エリンギ —— 1パック (100g)
しょうがの薄切り —— ½かけ分
サラダ油 —— 大さじ1
合わせ調味料
　┌ オイスターソース —— 大さじ1
　├ 酒 —— 大さじ½
　├ 塩、こしょう —— 各少々
　└ ごま油 —— 小さじ1

## 作り方

1 レタスは1枚を3～4等分くらいにし、大きめにちぎる。エリンギは長さを半分に切り、縦に5mm厚さに切る。合わせ調味料は混ぜ合わせる。

2 フライパンにサラダ油を熱し、しょうがを入れて炒め、香りが出たら強火にしてエリンギを入れてさっと炒める。レタスを加え、水けが出ないようにさっと炒める。鍋肌から合わせ調味料を回し入れ、手早く炒め合わせる。

ごぼうの風味とうまみは皮にたくさん含まれるので、むかずにタワシできれいに洗って使います。

コリコリとした歯ごたえを味わいたいときは、長めの乱切りに。ごぼうを回して切り口を変えながら、斜めに切ります。

切り口が空気に触れると変色するので、切ったものから水にさらします。長時間水につけると香りも抜けてしまうので、5分を目安に。

## ごぼうと鶏肉のトマト煮

和のイメージが強いごぼうと
洋風の代表のようなトマトは、意外なほど
相性がいい。ごぼうの持つ力強く無骨な味を、
トマトの酸味と甘みが
引き立ててくれるのです。

作り方
1 ごぼうはタワシで皮をきれいに洗い、長めの乱切りにし、水に5分ほどつけてアクをとり、水けをきる。玉ねぎは2cm幅のくし形切りにする。トマトは1cm角に切る。鶏肉は余分な脂をとり除き、縦半分に切って一口大に切り、Aで下味をつけ、小麦粉をまぶす。
2 フライパンにオリーブ油を熱し、ごぼうを入れて2〜3分ほど炒め、全体に油が回ったら玉ねぎ、鶏肉を加えて炒める。
3 鶏肉の色が変わったら、トマトを加え、塩、こしょうで調味し、ふたをしてときどき混ぜながら弱火で15分ほど煮る。ごぼうがやわらかくなったら、でき上がり。

材料（2人分）
ごぼう────1本 (150g)
玉ねぎ────½個
トマト────2個
鶏もも肉────小1枚 (200g)
A [ 塩、こしょう────各少々
小麦粉────大さじ½
オリーブ油────大さじ1
塩────小さじ½
こしょう────少々

# ごぼうの豚肉巻き

コリコリ食感と土の香りが持ち味のごぼうを
肉で巻き、甘辛味をからめた、ごはんが進む
おかず。ごぼうはレンジ加熱しておくと、
焼き時間が短縮できます。お弁当にも大活躍。

細切りにする場合は、6〜
7cm長さに切り、2mm厚さ
の薄切りにし、端から細く
切ります。

肉がはがれないよう、ま
ず巻き終わりを下にしてフ
ライパンにのせ、しっかり
と焼きかためます。

## 作り方

1 ごぼうはタワシで皮をきれいに洗い、6〜
7cm長さの細切りにし、水に5分ほどつけ
てアクをとり、水けをきる。耐熱皿に入れ、
ラップをかけて電子レンジで約2分加熱
し、粗熱がとれたら10等分にする。

2 豚肉を縦長に広げ、手前に**1**の1/10量をの
せ、くるくると巻く。合わせ調味料は混ぜ
合わせる。

3 小さめのフライパンにサラダ油を熱し、**2**の
豚肉巻きの巻き終わりを下にして入れ、ふ
たをずらしてのせて弱めの中火で焼く。巻
き終わりが固まったら、ときどき返しなが
ら計4〜5分焼く。

4 きれいな焼き色がついたら合わせ調味料
を回し入れ、ふたをして3分煮て、ふたを
とって煮汁を強めの中火で煮からめる。

### 材料（2人分）

ごぼう —— 細1本 (120g)
豚ロース薄切り肉 —— 10枚 (150g)
合わせ調味料
　酒、みりん、しょうゆ
　　　　 —— 各大さじ1 1/3
　砂糖 —— 小さじ1
　水 —— 大さじ3
サラダ油 —— 大さじ1/2

## さんまとごぼうのかき揚げ

秋の味覚、さんまとごぼうを合わせた、
ボリュームたっぷりのかき揚げ。さんまは
しょうがやしょうゆ、酒で下味をつけておくと、
生臭さがとれて食べやすくなります。

### ごぼうのささがき

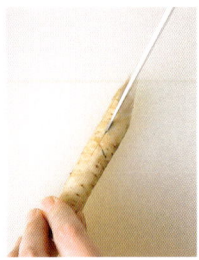

縦に数本切り込みを入れます。

ごぼうを回しながら先から薄くそいで水にさらします。

### 作り方

1　ごぼうはタワシで皮をきれいに洗い、縦に切り込みを入れてささがきにする。水に5分ほどつけてアクをとり、水けを拭く。

2　さんまは小骨をそぎとり、1cm幅の斜め切りにし、Aをからめて10分ほどおき、下味をつける。

3　衣を作る。ボウルに分量の水を入れ、小麦粉を加えて菜箸で軽く混ぜる。

4　2の汁けを拭き、小麦粉をまぶし、1と共に3の衣に入れて混ぜ合わせる。

5　揚げ油を170℃に熱し、4をスプーンで一口大にまとめて入れ、周りがかたまったら返しながら4〜5分かけてカラッとするまで揚げる。粗塩をつけて食べる。

### 材料（6個分・2人分）

ごぼう ―――― ½本（75g）
さんま（三枚におろしたもの）――― 1尾分（正味70g）
A ┌ しょうゆ、酒 ――― 各小さじ1
　└ おろししょうが ――― 小さじ½
衣
　┌ 水 ――― カップ⅓
　└ 小麦粉 ――― カップ⅓強（40g）
小麦粉（さんま用）――― 小さじ1
揚げ油 ――― 適量
粗塩 ――― 少々

# 牛肉とごぼうの柳川風

どんな調理法にしてもおいしい
ごぼうと牛肉の組み合わせ。
卵でとろりとまとめて柳川風に。

ごぼうは火が通りにくく、
牛肉はさっと煮たいので、
ごぼうだけを先に煮汁で
煮ます。

## 材料（2人分）
ごぼう —— ½本 (75g)
牛切り落とし肉 —— 100g
卵 —— 2個
煮汁
- 水 —— カップ½
- 酒、みりん —— 各大さじ1½
- しょうゆ —— 大さじ1
- 塩 —— 小さじ¼
- 砂糖 —— 小さじ2

## 作り方
1. ごぼうはタワシで皮をきれいに洗い、ささがきにして水に5分ほどつけてアクをとり、水けをきる。牛肉は大きいものは一口大に切る。卵は割りほぐす。
2. 小さめのフライパンに煮汁の材料を入れて煮立て、ごぼうを入れ、ふたをして弱めの中火で5分ほど煮る。
3. ごぼうがやわらかくなったら牛肉を加え、1〜2分煮る。牛肉に火が通ったら卵を流し入れ、弱めの中火にしてところどころに菜箸を入れて混ぜ、卵の火の通りを均一にし、ふたをする。20秒ほど煮たら火を止め、ふたをしたまま余熱で好みのかたさに卵に火を通す。

# ごぼうとベーコンの炒めもの

ごぼうは油を使うとコクが出ておいしくなるので、炒めものにも向く野菜。味出しのベーコンと共に香ばしい色がつくまで炒めると、うまみがググッと引き出されます。

歯応えも楽しめるよう、斜め薄切りにします。切るのもラクチンな方法です。

## 材料（2人分）
ごぼう —— 1本 (150g)
ベーコン —— 3枚 (45g)
サラダ油 —— 大さじ½
塩 —— 小さじ⅓
こしょう —— 少々

## 作り方
1. ごぼうはタワシで皮をきれいに洗い、斜め薄切りにして水に5分ほどつけてアクをとり、水けをきる。ベーコンは2cm幅に切る。
2. フライパンにサラダ油を熱し、ごぼうを入れて3〜4分炒める。しんなりしたらベーコンを加え、さらに1〜2分炒めて、塩、こしょうで調味する。

# れんこんのはさみ揚げ

れんこんの形をいかしたはさみ揚げ。
えびと豚肉のダブルのうまみを詰め込めば、
おいしさが何倍にも！
片栗粉と小麦粉とごま油入りの衣で、
しっとりなのにサクッと軽く、香りよく仕上げます。

れんこんの皮むきはピーラーがおすすめ。繊維が縦に走っているので、縦にむくと薄くむきやすい。

輪切りにしたれんこんは、2枚一組に。大きさが同じくらいの隣同士を組みにします。

## 作り方

1　むきえびは背ワタをとり、片栗粉少々（分量外）をまぶして水洗いし、水けを拭く。

2　豚バラ肉は包丁で叩いて細かくし、**1**を加えてさらに細かく叩く。Aを加えてよく練り混ぜ、8等分にする。

3　れんこんはピーラーなどで皮をむき、5mm厚さに切り（16枚用意）、同じくらいの大きさのもの2枚一組にしてバットに並べ、肉をはさむ面に小麦粉少々（分量外）を薄くふる。

4　**3**に**2**をのせてはさむ。衣の材料は混ぜ合わせる。

5　揚げ油を180℃に熱し、れんこんに衣をからめて入れ、中に火が通るまで4〜5分揚げる。好みで粗塩をふる。

## 材料（2人分）

れんこん（直径5cmくらいのもの）──────1節（150g）
むきえび──────50g
豚バラ肉──────50g
A　しょうがのすりおろし──────小さじ½
　　酒──────小さじ1
　　塩──────小さじ¼
　　こしょう──────少々
　　ごま油──────小さじ1
　　片栗粉──────小さじ2
衣
　　片栗粉、小麦粉──────各大さじ1½
　　水──────大さじ2
　　ごま油──────大さじ½
揚げ油、粗塩──────各適量

# れんこんの落とし焼き

れんこんのみじん切りとすりおろしを
半々ずつ加え、シャキシャキともっちりの両方を
楽しむレシピ。隠し味に砂糖を加えた
甘いみそ味が後を引きます。

### 材料（8個分・2人分）
れんこん —— 1節 (150g)
肉だね
- 鶏ひき肉 —— 150g
- 酒 —— 大さじ1
- みそ —— 大さじ1½
- 砂糖 —— 小さじ1
サラダ油 —— 大さじ½

### 作り方
1 れんこんはピーラーなどで皮をむき、半量はすりおろし、半量はみじん切りにする。
2 ボウルに肉だねの材料、1を入れてよく練り混ぜ、8等分にして薄い楕円形に丸める。
3 フライパンにサラダ油を熱し、2を並べ入れ、ふたをずらしてかけ、弱めの中火で2分ほど焼く。きれいな焼き色がついたら返し、両面がこんがりとして中に火が通るまでさらに2分ほど焼く。フライ返しなどで軽く押し、弾力があれば火が通っている証拠。

水けがあまり出ないよう、力をかけてすりおろします。

# 炒めれんこんのアンチョビーマリネ

和風になりがちなれんこんに、アンチョビーやにんにく、唐辛子を合わせてイタリア風に。
拍子木切りにしたら、シャキシャキとは違うコリコリとした歯応えが味わえます。

### 材料（2人分）
れんこん —— 1節 (150g)
アンチョビー —— 3枚 (10g)
にんにくの薄切り —— 1かけ分
赤唐辛子の小口切り —— 1本分
オリーブ油 —— 大さじ1
塩、粗びき黒こしょう —— 各少々
酢 —— 大さじ½

### 作り方
1 れんこんはピーラーなどで皮をむき、5cm長さ1cm幅の拍子木切りにし、水でざっと洗い、水けをきる。
2 フライパンにオリーブ油、にんにく、赤唐辛子を入れて弱火で炒め、香りが出たられんこんを加えて中火で4分ほど炒める。
3 れんこんが透き通ってきたら、アンチョビーを加えて炒め合わせ、塩、粗びき黒こしょうで調味し、酢を加えてひと炒めする。

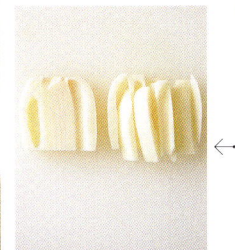
5cm長さに切り、繊維に沿って縦に1cm幅に切る。切り口をまな板につけ、再び繊維に沿って1cm幅に切ります。

## にんじんと鶏肉の炒め煮

にんじんと鶏肉だけで作る、筑前煮の
お手軽バージョン。調味料は
酒、みりん、しょうゆ＝1:1:1 に砂糖を少し。
甘みをきかせ、照りよく煮上げるのが
ポイントです。

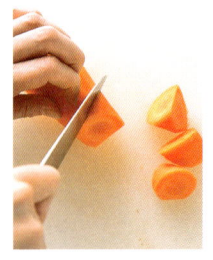

煮ものにするときは、表面
積が広くなり、火の通りが
早い乱切りがおすすめ。
手前に回して切り口を変え
ながら向こう側を斜めに切
ります。

### 作り方

1 にんじんは 3cm 大の乱切りにする。鶏肉は
余分な脂をとり除き、2〜3cm 角に切り、
Aをもみこんで下味をつける。

2 小さめのフライパンにサラダ油を熱し、鶏
肉を入れて炒め、色が変わったら、にんじ
んを加えて炒め合わせる。

3 全体に油が回ったら分量の水を加え、煮
立ったらアクをとり除き、煮汁の調味料を
加え、落としぶたをし、ときどき上下を混
ぜながら 15 分ほど煮る。にんじんがやわ
らかくなったら、ふたをとって煮汁を煮か
らめる。

### 材料（2人分）

にんじん —— 2本
鶏もも肉 —— 小1枚 (200g)
A［ 酒、しょうゆ —— 各小さじ1
サラダ油 —— 大さじ½
煮汁
┌ 水 —— カップ⅓
│ 酒、みりん、しょうゆ
│ —— 各大さじ1½
└ 砂糖 —— 小さじ½

# にんじんとツナのシリシリ

沖縄で生まれた、にんじん炒め。炒めると、甘みが出ると共にクセがやわらぐので、にんじんが苦手の人にも食べやすくなります。卵とツナでボリュームを補えばパーフェクト。

## 材料（2人分）
にんじん —— 大1本
ツナ缶（フレークノンオイル）—— 1缶 (70g)
卵 —— 1個
サラダ油 —— 大さじ½
塩 —— 小さじ¼
こしょう —— 少々

## 作り方
1 にんじんは**スライサーでせん切りにする**。ツナは汁けをきる。卵は溶きほぐす。
2 フライパンにサラダ油を熱し、にんじんを入れて2分ほど炒める。しんなりしたらツナを加えて炒め合わせ、全体に混ざったら卵を加え、いり卵状になるまで炒め合わせ、塩、こしょうで調味する。

スライサーでせん切りにすると、切り口に凹凸ができ、味がよくからみます。

# リボンにんじんのカッテージチーズあえ

切り方を工夫するだけで、オシャレな1品に早変わりします。フレンチドレッシングであえ、クセの少ないカッテージチーズを合わせるだけといたって簡単なサラダ。

## 材料（2人分）
にんじん —— 1本 (150g)
カッテージチーズ —— 大さじ4
ドレッシング
┌ オリーブ油 —— 大さじ1
│ 塩 —— 小さじ⅓
│ 酢 —— 小さじ1
└ こしょう —— 少々

皮をむき、まな板にのせて回しながらピーラーで削ります。1枚削ったら、回して削る位置を変えると、太さが均一に。

## 作り方
1 にんじんは**ピーラーでリボン状に削る**。ドレッシングの材料を混ぜ合わせる。
2 ボウルに**1**を入れてあえ、カッテージチーズを加えてざっくり混ぜる。

# オニオングラタンスープ

玉ねぎをあめ色になるまでひたすら炒め、
甘みを引き出したスープは、
作ってみたい憧れの1品。チーズの香ばしさが、
さらに食欲を増進させます。

## 作り方

1　玉ねぎは繊維に沿って薄切りにする。
2　厚手鍋にサラダ油を熱し、玉ねぎを入れてふたをしてときどき混ぜながら強火で10分ほど炒める。玉ねぎがしんなりして水分がなくなって減ってきたら、中火にして35分ほど炒める。うっすらと色づいてきたら弱めの中火にし、水大さじ1（分量外）を加えて鍋についた焦げをこそげて玉ねぎに移し、をくり返し、あめ色になるまでさらに5〜15分炒める。
3　分量の水、ローリエ、パセリの茎を加え、煮立ったらアクをとり、中火で5分ほど煮て、塩、こしょうで調味する。ローリエ、パセリはとり除く。
4　フランスパンは、軽く色づくまで焼く。
5　耐熱の器に3を注ぎ、4をのせ、グリエールチーズをかけ、220℃のオーブンで10分ほど、表面がこんがりとするまで焼く。

## 材料（2人分）

玉ねぎ —— 1個
サラダ油 —— 大さじ1
水 —— カップ2
ローリエ —— ½枚
パセリの茎 —— 1本
塩 —— 小さじ¾
こしょう —— 少々
フランスパン —— 4枚
グリエールチーズ —— 20g

玉ねぎが薄く色づいたら、水大さじ1を加えて鍋についた焦げをこそげ落とし、玉ねぎにその色を移すように炒めます。

計50分くらい炒めて、あめ色になった状態。

## 玉ねぎと桜えびのかき揚げ

かき揚げにすると、玉ねぎがごちそうに！
桜えびなど味が出る素材を
組み合わせるのがコツです。

**材料（2人分）**
玉ねぎ——½個
桜えび——大さじ3
衣
┌ 水——カップ½
└ 小麦粉——カップ½強 (60g)
揚げ油——適量
天つゆ（作りやすい分量）
┌ だし——カップ½
└ 酒、みりん、しょうゆ——各大さじ1½

**作り方**
1 玉ねぎは繊維に沿って2〜3mm幅に薄く切る。鍋に天つゆの酒、みりんを入れて火にかけ、煮立ったら残りの材料を加えてひと煮立ちさせ、火を止める。
2 衣を作る。ボウルに分量の水を入れ、小麦粉を加えて軽く菜箸で混ぜる。
3 別のボウルに玉ねぎ、桜えびを入れ、小麦粉大さじ1（分量外）をまぶし、**2**を加えてさっと混ぜる。
4 揚げ油を160℃に熱し、**3**を⅙量ずつスプーンで入れ、3〜4分かけてからりと揚げる。油をきって器に盛り、天つゆを添える。

シャキシャキとした食感を残したいので、繊維に沿って切ります。

## 玉ねぎと牛肉の甘辛煮

例えるなら、牛丼の上！　とろりと甘みのある
玉ねぎと甘辛味をまとった牛肉は、
文句なしの名コンビ。温泉卵をからめながら
食べるとおいしさひとしおです。

**材料（2人分）**
玉ねぎ——1個
牛こま切れ肉——200g
煮汁
┌ 水——カップ½
└ 酒、砂糖、しょうゆ——各大さじ3
温泉卵（市販）——2個

**作り方**
1 玉ねぎは縦半分に切り、横1cm幅に切る。
2 フライパンに煮汁の材料を入れて火にかけ、煮立ったら牛肉を入れ、アクをとり除く。玉ねぎを加え、落としぶたをして10分ほど、全体に味がなじむまで煮る。
3 器に盛り、温泉卵をのせる。

くったりした玉ねぎを味わいたいときは、繊維を断ち切るように切ります。

## かぶら蒸し

おろしたかぶを魚にのせて蒸します。
やわらかい熱でじわじわと蒸された魚は、
ふっくら！　だしの利いたあんをたっぷりかけたら、
料亭風の上品な味が楽しめます。

かぶは皮つきのまますりおろすので、きれいに洗います。メラミンスポンジを使うと、汚れがよく落ちます。

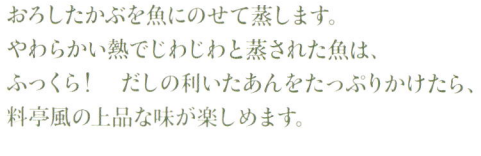

### 作り方

1　白身魚は骨があればとり除き、Aをからめて10分ほどおき、下味をつける。

2　かぶは葉を落とし、皮をきれいに洗ってすりおろし、ざるに上げて軽く押す程度に水けを絞る（正味80g）。ボウルに入れ、Bを加えて混ぜる。ゆり根はおがくずを落とし、1枚ずつはがして汚れた部分を包丁でそぎとる。

3　蒸し茶碗に1の水けを拭いて1切れずつ入れ、2を等分にしてのせ、蒸気の上がった蒸し器に入れ、強火で10分ほど蒸す。

4　銀あんを作る。鍋にだしを煮立てて調味料を加え、水溶き片栗粉でとろみをつける。

5　3の蒸し汁を捨て、4をかけ、おろしわさびをのせる。

### 材料（2人分）

白身魚（きんめだい、たらなど）────120g
かぶ────2個（200g）
ゆり根────20g
A┌塩────少々
　└酒────大さじ1
B┌塩────少々
　└片栗粉────小さじ½
銀あん
　┌だし────カップ1
　│酒────大さじ½
　│しょうゆ────小さじ½
　│塩────小さじ⅓
　│水溶き片栗粉
　│　┌片栗粉────大さじ⅔
　└　└水────大さじ1⅓
おろしわさび────適量

# かぶと豚バラ肉の炒めもの

淡泊な味のかぶが豚バラ肉の脂をまとって、コクのある1品に。豚肉はカリカリに、かぶも香ばしく焼いたら味つけは塩こしょうで十分！ かぶの苦みがおいしい、大人味の炒めものです。

### 材料（2人分）

かぶ————3個（300g）
豚バラ薄切り肉————100g
塩————小さじ½
こしょう————少々

### 作り方

1 かぶは茎を2cm残して葉を切り落とし、6等分のくし形に切り、水にさらして根元の汚れを洗い流す。葉は3〜4cm長さに切る。豚肉は4等分に切る。
2 フライパンに油をひかずに豚肉を入れ、炒める。色が変わったら、出てきた脂をキッチンペーパーで軽く拭きとり、豚肉を端に寄せ、かぶを並べ入れて6分ほど返しながら焼きつける。かぶがやわらかくなったら、かぶの葉を加えて炒め合わせ、塩、こしょうで調味する。

縦半分に切り、さらに3等分に切ると、くし形に。

# かぶとスモークサーモンのサラダ

生のかぶは、外側はサクッ、内側はみずみずしくてやさしい食感。オレンジ色のサーモンがかぶの白に映え、燻した香りがいいアクセントになります。

### 材料（2人分）

かぶ————2個（200g）
スモークサーモン————1パック（60g）
ドレッシング
┌ オリーブ油————大さじ1
│ 酢————大さじ½
│ 塩————小さじ¼
└ こしょう————少々

### 作り方

1 かぶは茎を1cm残して葉を切り落とし、縦半分に切る。水にさらして根元の汚れを洗い流し、2〜3mm厚さに切る。スモークサーモンは2〜3cm大に切る。
2 ドレッシングの材料を混ぜ合わせる。
3 1を2であえる。

竹串などで、根元の汚れを落とします。

みそ味のなすは、間違いなしのおいしさ。
豚肉を加えるとボリュームが出て
主役のおかずに昇格します。なすは火通りが
悪いので、先に炒めておくのがポイント。

# なすと豚肉の鍋しぎ

皮目に切り込みを入れると、
火の通りがよくなります。

なすはアクがありますが、
炒めものや揚げものなど
のときは水にさらす必要は
ありません。ただし、切っ
ておくと変色するので、加
熱する直前に切ります。

## 作り方

1　なすはヘタをとり、縦半分に切り、皮目に斜め5mm幅に切り込みを入れ、斜め半分に切る。豚肉は大きいものは食べやすい大きさに切る。合わせ調味料は混ぜ合わせる。

2　フライパンにごま油を熱し、なすの皮目を下にして入れ、ふたをしてときどき混ぜながら3分ほど焼きつける。焼き色がついたら返し、再びふたをしてときどき混ぜながら2〜3分焼きつけ、中央をあけて豚肉を入れ、強めの中火でほぐしながら炒める。

3　豚肉に火が通り、なすがしんなりしたら、合わせ調味料を回し入れ、汁けがなくなるまで炒め煮にする。

## 材料（2人分）

なす————4本
豚こま切れ肉————100g
合わせ調味料
　酒、みりん、みそ————各大さじ1½
　砂糖、しょうゆ————各小さじ1
ごま油————大さじ1½

## なすの利久煮

千利休が料理によくごまを使ったことから、
この名がついたといわれます。
ぷっくりと煮上がったなすに、ごまの風味、
薄いとろみをつけた煮汁がよくからんで美味！

材料（2人分）
なす —— 4本
煮汁
┌ だし —— カップ 1½
│ 酒、みりん、しょうゆ —— 各大さじ 1½
└ 砂糖 —— 小さじ 1
水溶き片栗粉
┌ 片栗粉 —— 小さじ 2
└ 水 —— 小さじ 4
白すりごま —— 大さじ 1½

作り方

← 1　なすはヘタを落とし、縦1cm幅に縞目に皮をむき、水に10分ほどつけてアクを抜く。

2　鍋に煮汁の材料を入れて火にかけ、煮立ったらなすを入れ、落としぶたをして15〜20分煮る。

3　なすに竹串がスーッと通るくらいやわらかくなったら、様子を見ながら水溶き片栗粉を回し入れて薄くとろみをつけ、仕上げに白すりごまを加えてひと煮する。

ピーラーなどで皮を縞目にむきます。火の通りが早いばかりか、見た目にも変化がつきます。

## レンチン蒸しなす

レンジ加熱し、たれをかけるだけの
簡単なす料理。加熱前に切り込みを入れておき、
そこを手掛かりに裂くと味がなじみやすく、
食べやすくなります。

材料（2人分）
なす —— 4本
中華酢じょうゆ
┌ しょうゆ、酢 —— 各大さじ 1
│ ごま油 —— 小さじ 1
└ おろししょうが、砂糖 —— 各小さじ ½
万能ねぎの小口切り —— 少々

作り方

1　なすはヘタをとり、切り口に縦6〜8等分に切り込みを入れる。耐熱皿に並べ、ラップをかけて電子レンジで約4分加熱し、そのままおく。粗熱がとれたら、切り込みに沿って裂く。

2　中華酢じょうゆの材料を混ぜ合わせる。

3　器になすを盛り、2をかけ、万能ねぎを散らす。

ヘタを落としたところに切り込みを入れておくと、加熱後裂きやすくなります。 ←

# なすの肉巻きフライ

サクサクの衣を一口頬張ると、
なすのみずみずしさがジュワッと広がります。
揚げものなのに、味わいは驚くほどライト。
揚げたてをビールと共にどうぞ。

## 作り方

1　なすはヘタをとり、縦4等分に切る。豚肉を8等分にして（約2枚）広げ、なす1切れをのせてくるくると巻き、塩をふる。計8本作る。

2　小麦粉、溶き卵、パン粉の順に衣をつける。

3　揚げ油を170℃に熱して2を入れ、中に火が通るまで3〜4分揚げる。好みでレモンやソースをかけて食べる。

小麦粉は全体にたっぷりとつけ、余分な粉を落とします。溶き卵もまんべんなくつけ、パン粉は多めにつけて押さえ、余分を落とします。

## 材料（2人分）

なす………2本
豚ロース肉（しゃぶしゃぶ用）………200g
塩………小さじ¼
衣
　小麦粉………適量
　溶き卵………小1個分
　パン粉………適量
揚げ油………適量
レモン、ソース………適量

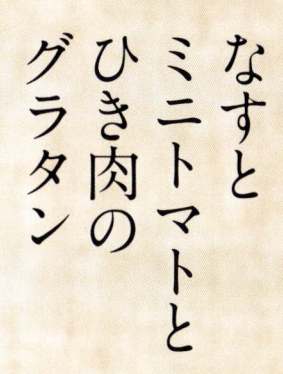

なすとミニトマトとひき肉のグラタン

なすとひき肉で作るグラタン・ムサカを、
簡単にアレンジしました。層になった、チーズ、
トマト、ひき肉、なすを全部一緒に味わうのが、
一番おいしい食べ方。

なすはオリーブ油で焼いてしっかりと火を通しておきます。竹串がスーッと通るくらいになったらOK。

**作り方**

1　なすはヘタをとり、縦4等分に切る。ミニトマトは横半分に切る。

2　フライパンにオリーブ油大さじ1½を熱し、なすの皮目を下にして入れ、2～3分焼き、面を変えながら全面を約5分焼く。竹串を刺してスーッと通るくらいになったら、Aで調味し、耐熱皿に入れる。

3　2のフライパンにオリーブ油大さじ½を熱し、玉ねぎを入れて炒め、透き通ってきたら合いびき肉を加えて炒め、塩、こしょうで調味する。2のなすの上にのせる。

4　3にミニトマトをのせ、パルメザンチーズをふり、200℃のオーブンで15～20分焼く。焼き色がついたら、でき上がり。

**材料（2人分）**

なす────4本
ミニトマト────½パック（100g）
合いびき肉────100g
玉ねぎのみじん切り────½個分
オリーブ油────大さじ2
A┌塩、こしょう────各少々
塩────小さじ⅓
こしょう────少々
パルメザンチーズ────大さじ1

洋風トマトサラダ

和風トマトサラダ

中華風トマトサラダ

縦半分に切ってから、ヘタの左右から斜めに切り込みを入れ、ヘタを三角形に切りとります。

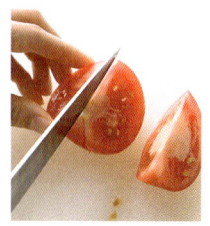

縦半分に切ったものを、さらに三等分に切るとくし形になります。皮目を下にすると切りやすい。

酢と油をベースにしたフレンチドレッシングで
トマトと玉ねぎをあえたら、
素材の持ち味がいきたサラダになります。
彩りのパセリには食欲増進効果も！

# 洋風 トマトサラダ

**作り方**

1　トマトは縦半分に切ってヘタをとり、6等分のくし形切りにする。玉ねぎは繊維に沿って薄切りにし、冷水に3分ほどつけ、水けを絞る。
2　ドレッシングの材料を混ぜ合わせる。
3　**1**、パセリを**2**であえる。

**材料（2人分）**

トマト ——— 2個
玉ねぎ ——— ¼個
パセリのみじん切り ——— 少々
ドレッシング
　サラダ油 ——— 大さじ1
　酢 ——— 大さじ½
　塩 ——— 小さじ⅓
　こしょう ——— 少々

---

くし形になったものをさらに半分に切ります。

すし酢のまろやかな酸味は、
おなじく酸味と甘みのあるトマトと、想像以上に
合います。みょうがの風味がアクセントの、
いつまでも食べ続けたいあっさり味のサラダ。

# 和風 トマトサラダ

**作り方**

1　トマトは縦半分に切ってヘタをとり、6〜8等分のくし形切りにし、さらに半分に切る。みょうがは小口切りにし、水の中でほぐし洗いし、水けをよくきる。
2　合わせ酢の材料を混ぜ合わせる。
3　器に**1**を盛り、**2**をかける。

**材料（2人分）**

トマト ——— 2個
みょうが ——— 1個
合わせ酢
　酢 ——— 大さじ1
　砂糖 ——— 大さじ½
　塩 ——— 少々

---

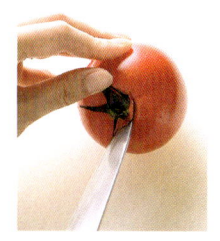

輪切りのときは、包丁の刃先を斜めにして、ヘタの周りにぐるりと切り込みを入れ、ヘタをくり抜きます。

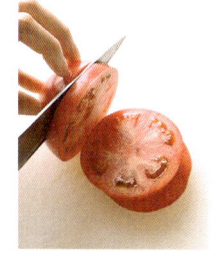

平皿に並べる場合は、横に輪切りにします。

ねぎやしょうが、ごま油入りのドレッシングが、
トマトをパンチのあるサラダにしてくれます。
しょうゆ入りなので、
和風おかずの副菜としてもおすすめ。

# 中華風 トマトサラダ

**作り方**

1　トマトはヘタをとり、横1cm幅の輪切りにし、器に盛る。
2　ドレッシングの材料を混ぜ合わせ、**1**にかける。

**材料（2人分）**

トマト ——— 2個
中華ドレッシング
　ごま油 ——— 小さじ1
　しょうゆ、酢 ——— 各大さじ½
　塩 ——— 少々
　ねぎのみじん切り ——— 大さじ1
　しょうがのみじん切り ——— 小さじ1
　こしょう ——— 少々

## トマトの卵炒め

真っ赤な完熟トマトを炒めて
酸味と甘みをぐぐっと引き出し、
ふんわり卵で包み込みんだ炒めもの。
少ない材料でパパッとできる、
毎日のおかずの味方のような料理です。

加熱調理のときは、ヘタ
の周りも真っ赤になった完
熟トマトがおすすめ。まだ
青い場合は、常温におい
て追熟させます。

トマトに酸味があるので、
砂糖で甘みをつけるとお
いしくなります。

**作り方**

1 トマトは8等分のくし切りにする。卵は割
りほぐし、塩を加えて混ぜる。

2 フライパンにサラダ油大さじ½を熱し、ト
マトを入れ、Aをふって炒める。少し煮く
ずれて中まで火が通ったら、とり出す。

3 フライパンをキッチンペーパーできれいに
し、サラダ油大さじ1½を熱し、強火にし
て卵を流し入れ、木ベラで大きくかき混ぜ
る。半熟状になったら2を戻し、鍋肌か
らしょうゆを回し入れ、そっと混ぜ合わせる。

**材料（2人分）**

トマト（完熟）————1個
卵————3個
塩————3つまみ
サラダ油————大さじ2
A ┌ 砂糖————小さじ1
　 └ 塩————少々
しょうゆ————小さじ1

# トマトえびチリ

生のトマトのフレッシュ感が、
えびチリをあっさり軽めにしてくれます。
プリッとしたえびの食感を味わいたいから、
炒めたら一度とり出し、最後に戻し入れます。

## 作り方

1　えびはあれば背ワタをとる。片栗粉小さじ1（分量外）をまぶし、手でよくもんで汚れを吸着させ、水で洗ってキッチンペーパーで水けを拭きとり、Aをからめる。

2　トマトは8等分のくし形切りにし、横半分に切る。玉ねぎは1cm角に切る。合わせ調味料は混ぜ合わせる。

3　フライパンにサラダ油大さじ½を強めの中火で熱し、1のえびに片栗粉をまぶして入れ、8割方色が変わったらとり出す。

4　3のフライパンをキッチンペーパーできれいにし、サラダ油大さじ½を弱火で熱し、にんにく、しょうがを入れて炒め、香りが出てきたら玉ねぎを加え、中火で炒める。しんなりしたら豆板醤を加えて炒め、香りが出たら2の合わせ調味料を加える。煮立ったらトマトを加え、トマトが熱くなったら3のえびを戻し入れ、1分ほど煮て、仕上げにごま油で香りをつける。

えびは火を通しすぎるとかたくなるので、8割方火を通していったんとり出し、最後に戻し入れます。

トマトは合わせ調味料を煮立てたところに加え、さっと煮て形が少し残るくらいに炒めます。

## 材料（2人分）

トマト —— 1個
むきえび —— 150g
玉ねぎ —— ¼個
にんにくのみじん切り —— ½かけ分
しょうがのみじん切り —— ½かけ分
A ┌ 塩 —— 少々
　└ 酒 —— 小さじ1
合わせ調味料
┌ トマトケチャップ —— 大さじ1½
│ しょうゆ、砂糖 —— 各小さじ1
│ 塩 —— 小さじ¼
│ 酒 —— 大さじ1
└ 水 —— カップ½
サラダ油 —— 大さじ1
片栗粉 —— 大さじ1
豆板醤 —— 少々
ごま油 —— 小さじ1

半量になるまで煮込んだ濃厚なトマトソースが、
むっちりとしたいかをおいしくしてくれます。
主材料はあえて2つのみにし、
それぞれの味をストレートに味わいます。

# いかのトマト煮

作り方

1 いかは足を引き抜いてワタを引き出し、軟骨をとり、胴はエンペラをつけたまま皮をむき、2cm幅の輪切りにする。足はワタを切り離し、目とくちばしをとって吸盤をそぎとる。足先を切り落として2～3本ずつに切り分ける。

2 トマトは8等分のくし形切りにし、横半分に切る。

3 フライパンにオリーブ油、にんにく、赤唐辛子を入れて弱火で炒め、香りが出たら **2** のトマトを加えて炒め煮にする。

4 半量くらいに煮つまったら **1** のいかを加えて強火でさっと煮て、色が変わったら塩、こしょうで調味し、ひと煮する。

材料（2人分）

トマト ──── 2個
いか（やりいか）──── 小4はい（300g・するめいかの場合は1ぱい（300g））
にんにく（つぶす）──── 1かけ
赤唐辛子（種をとる）──── 1本
オリーブ油 ──── 大さじ1
塩 ──── 小さじ⅓
こしょう ──── 少々

いかは煮すぎるとかたくなるので、トマトが十分煮つまったところで加え、さっと程度に火を通します。

## トマトソースパスタ

トマトだけをクツクツと煮込んで水分をとばし、
うまみを凝縮させるこの方法なら、
トマト本来の味が引き立ちます。
パスタのほか、グラタンや魚介と合わせても。

トマトソースの煮始め。

20〜30分煮て半量になったところ。この状態で冷蔵または冷凍保存しておけば、トマトソースパスタがすぐに食べられます。

**作り方**

1　トマトは1cm角に切り、鍋に入れて中火にかけ、ときどき混ぜながら20〜30分煮て、半量になるまで煮つめる。

2　鍋に水1.5ℓを沸かし、塩大さじ½（各分量外）、スパゲッティを入れ、袋の表示通りにゆでる。

3　フライパンにオリーブ油、にんにくを入れて弱火で炒め、香りが出たら**1**の半量を加え、塩、こしょうで調味してひと煮する。ゆで上がった**2**のスパゲッティを加え、ゆで汁大さじ3〜4を加えて全体を煮からめ、塩、こしょうで調味する。器に盛り、好みでパルメザンチーズをふる。

※**1**のトマトの煮込みの半量は保存しておくと便利。保存の目安は冷蔵で1週間、冷凍で3週間。

**材料（2人分）**

トマトソース（作りやすい分量・でき上がり300g分）
- トマト──── 4個
- にんにく（つぶす）──── 1かけ
- オリーブ油──── 大さじ1
- 塩──── 小さじ½
- こしょう──── 少々

スパゲッティ（1.6mm）──── 160g
塩、こしょう──── 各少々
パルメザンチーズ──── 適量

# ピーマンの肉詰め

ピーマンが苦手な人のための料理と
思いがちですが、ピーマンと
ひき肉をそれぞれおいしく食べるための料理。
こってりとしたみそ味が、
ピーマンの苦みを緩和してくれます。

ピーマンはヘタのつけ根に
包丁で切り込みを入れ、
種だけをとり除くと、肉だ
ねを詰めたときにきれいな
形に。

ピーマンと肉が離れないよ
う、糊代わりに小麦粉を
ふります。

## 作り方

1 ピーマンは縦半分に切り、ヘタをつけたま
  ま種を除く。みそだれの材料は混ぜ合わ
  せる。

2 ボウルに肉だねの材料を入れ、よく練り混
  ぜる。

3 ピーマンの内側に小麦粉を茶こしで薄くふ
  り、2の肉だねを等分に分けてきっちりと
  詰める。

4 フライパンにサラダ油を熱し、3の肉面を
  下にして入れ、弱めの中火で焼き、2～3
  分して焼き色がついたら返し、さらに5分
  焼いて中まで火を通す。

5 4にみそだれを回しかけ、火を強めて返し
  ながら、煮汁がほとんどなくなるまで煮か
  らめる。

## 材料（2～3人分）

ピーマン ──── 4個

肉だね
  豚ひき肉 ──── 150g
  玉ねぎのみじん切り ──── 1/3個分
  パン粉 ──── カップ1/3
  水 ──── カップ1/4
  塩 ──── 小さじ1/4

みそだれ
  みそ、酒、みりん、水 ──── 各大さじ1
  砂糖 ──── 小さじ1/2

小麦粉 ──── 適量

サラダ油 ──── 大さじ1/2

ピーマンの代表おかず。
甘みとうまみのバランスのいい味つけで、
ごはんが進みます。

## 青椒肉絲（チンジャオロースー）

← 1

### 材料（2人分）

ピーマン ——— 3個
赤パプリカ ——— 1/2個
豚しょうが焼き用肉 ——— 150g
にんにくのみじん切り ——— 1/2かけ分
A[ しょうゆ、酒 ——— 各小さじ1
サラダ油 ——— 大さじ1
片栗粉 ——— 小さじ1
合わせ調味料
　[ オイスターソース ——— 大さじ1
　　酒 ——— 大さじ1/2
　　しょうゆ、ごま油 ——— 各小さじ1
　[ こしょう ——— 少々

繊維に沿って縦に切ると
歯ごたえが残ります。やわ
らかめが好きなら横にせ
ん切りに。

### 作り方

1　ピーマン、パプリカは種とヘタをとり、縦5mm幅に切る。合わせ調味料は混ぜ合わせる。

2　豚肉は1cm幅の細切りにし、Aをもみ込んで下味をつける。

3　フライパンにサラダ油大さじ1/2を熱し、豚肉に片栗粉をまぶして入れ、ほぐしながら炒め、色が変わったらとり出す。

4　3のフライパンをきれいにしてサラダ油大さじ1/2、にんにくを入れて弱火にかけ、香りが出たら1を入れて強めの中火で炒める。全体に油が回ったら3を戻し入れ、合わせ調味料を回し入れ、手早く炒め合わせる。

## パプリカ

## パプリカのマリネ

とろりと甘く、肉厚のパプリカは、まるで
フルーツのよう。こんがり焼くことで、
甘みが引き出された証拠です。
ワインにぴったりの前菜風マリネです。

### 材料（2人分）

赤パプリカ ——— 1個
黄パプリカ ——— 1個
マリネ液
　[ オリーブ油 ——— 大さじ1
　　塩 ——— 小さじ1/3
　[ こしょう ——— 少々

少し焦げ目がつくくらいに
焼くと果肉と薄皮の間に隙
間ができ、するりと皮がむ
けます。

### 作り方

1　パプリカは縦半分に切り、種とヘタをとる。オーブントースターにアルミホイルを敷き、皮目を上にしてのせ、8〜10分焼き、粗熱がとれたら薄皮をむいて縦3等分に切る。

2　マリネ液の材料を混ぜ合わせ、1を漬ける。

# ズッキーニのフリット

ぷっくり膨れた衣の中からは、ホクホクで
ジューシーなズッキーニが登場します。
アツアツのできたてにカレー塩をふりかけ、
フーフーしながらめし上がれ！

材料（2人分）
ズッキーニ──────1本 (150g)
衣
┌ 小麦粉──────60g
│ ベーキングパウダー──────小さじ½
│ 塩──────少々
└ 水──────60㎖
揚げ油──────適量
小麦粉──────適量
カレー塩
┌ 塩──────小さじ½
└ カレー粉──────少々

作り方
1　ズッキーニは両端を切り落とし、長さ半分、
　　縦4つ割りに切る。
2　衣を作る。ボウルに小麦粉とベーキングパ →
　　ウダーを合わせてふるい、塩を加えて混ぜ、
　　水を加えてざっと混ぜ合わせる。
3　揚げ油を170℃に熱し、1のズッキーニに
　　小麦粉をまぶし、2の衣をつけて油に入れ、
　　3～4分ほどカリッと色よくなるまで揚げる。
　　器に盛り、カレー塩をふる。

ベーキングパウダーを加え
ると、ふっくら＆カリッとし
た衣になります。

# ズッキーニのチーズ焼き

ホクッと焼けたズッキーニに
チーズの香ばしさがたまりません！
ビールやワインを片手に作れるほど、
手軽にできるのもうれしいところ。

材料（2人分）
ズッキーニ──────1本 (150g)
オリーブ油──────大さじ½
塩、こしょう──────各少々
パルメザンチーズ──────大さじ3

作り方
1　ズッキーニは1cm幅の輪切りにする。
2　フライパンにオリーブ油を熱し、ズッキー
　　ニを並べ、5分ほどかけて両面を焼く。色
　　よくなったら塩、こしょうで調味し、余分
　　な油をキッチンペーパーで拭きとる。
3　上面にパルメザンチーズをのせ、返してチ
　　ーズが少し色づくまで焼く。

ズッキーニにこんがりと焼
き色がついたらパルメザン
チーズをふり、こんがりと
焼き色をつけます。

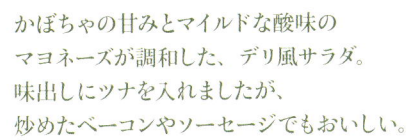

# かぼちゃのマヨサラダ

かぼちゃの甘みとマイルドな酸味の
マヨネーズが調和した、デリ風サラダ。
味出しにツナを入れましたが、
炒めたベーコンやソーセージでもおいしい。

スプーンで種とワタをすくいとります。

電子レンジで加熱すると、切るのがラクチン。

## 作り方

1 かぼちゃは種とワタをとり、さっと水を通してラップで包み、電子レンジで約7分30秒加熱する。竹串を皮に刺して固ければ、さらに30秒ほど加熱する。マヨネーズソースの材料は混ぜ合わせる。

2 きゅうりは小口切りにし、塩水(分量外、水カップ¼に塩小さじ¼)に15分ほどつけ、しんなりしたら水けを絞る。玉ねぎは薄切りにし、冷水に1〜2分さらし、2〜3回もんで水けを絞る。ツナは汁けをきる。

3 1のかぼちゃは2cm角に切り、粗熱がとれたらボウルに入れ、2、マヨネーズソースを加えてあえる。

## 材料(2人分)

かぼちゃ ———— 300g(正味250g)
きゅうり ———— ½本
玉ねぎ ———— ¼個
ツナ缶(ファンシーノンオイル) ———— 1缶(75g)
マヨネーズソース
┌ マヨネーズ ———— 大さじ3
│ 牛乳 ———— 大さじ1
│ レモン汁 ———— 小さじ½
└ 塩、こしょう ———— 各少々

## ゴーヤチャンプルー

クセになる独特の苦みが持ち味のゴーヤは、
夏をのりきるための野菜です。
豆腐、卵、豚肉を合わせたら栄養満点！
一口ごとに元気になりそうな1品です。

作り方

1　豆腐は厚みを半分に切り、2枚重ねにした
キッチンペーパーで包み、20分ほどおい
て水きりをする。ゴーヤは縦半分に切り、
種とワタをとり除き、2〜3mm幅の薄切り
にする。玉ねぎは縦2〜3mm幅に切る。
豚肉は大きいものは食べやすく切る。卵は
割りほぐす。

2　フライパンにサラダ油を熱し、豚肉を入れ
てほぐしながら強めの中火で炒める。色が
変わったらゴーヤ、玉ねぎを加え、しんな
りしたら豆腐を加えてくずしながら炒め合
わせる。

3　豆腐に火が通ったらAで調味し、卵を回し
入れて大きく混ぜ合わせてざっと炒め、ご
ま油を回しかける。器に盛り、削り節をふる。

ゴーヤの種はかたく、ワタ
は口触りが悪いので、種と
ワタをスプーンでくり抜い
てとります。

材料（2人分）

| | |
|---|---|
| ゴーヤ | ½本 |
| 木綿豆腐 | ½丁(150g) |
| 玉ねぎ | ¼個 |
| 豚こま切れ肉 | 100g |
| 卵 | 1個 |
| サラダ油 | 大さじ1 |
| A 酒 | 大さじ1 |
| 　 塩 | 小さじ1 |
| 　 こしょう | 少々 |
| ごま油 | 少々 |
| 削り節 | ½袋 (1.5g) |

104

# ゴーヤと
# こんにゃく、
# みょうがのサラダ

ゴーヤのみずみずしい苦みと
シャキシャキ感をいかしたサラダ。個性が強いので、
合わせるドレッシングも強いうまみのあるものを。
弾力のある歯応えのこんにゃくも欠かさずに。

材料（2人分）
ゴーヤ——½本
みょうが——2個
こんにゃく——100g
みそドレッシング
  ┌ みそ——大さじ1
  │ しょうゆ、酢——各大さじ½
  │ 砂糖——小さじ1
  │ 塩——少々
  │ ごま油——小さじ½
  └ しょうがのみじん切り——小さじ1

作り方
1　ゴーヤは縦半分に切って種とワタをとり、薄切りにする。みょうがは縦半分に切って縦薄切りにし、共に冷水に5分ほどさらしてざるに上げ、水けをよくきる。こんにゃくは薄切りにし、水からゆでてざるに上げ、流水で冷まして水けをよくきる。
2　みそドレッシングの材料を混ぜ合わせる。
3　器に1を盛り合わせ、2を回しかける。

← ゴーヤを生で食べるときは、水にさらすとアクが抜けて苦みがやわらぎます。

# ゴーヤと豚肉の煮もの

ゴーヤをクタクタになるまで煮て作る、
つくだ煮風。苦みのあるゴーヤには、
甘みも辛みも多めに加えるとおいしくなります。
ごはんのお供にぴったり。

材料（2人分）
ゴーヤ——1本
豚こま切れ肉——100g
サラダ油——小さじ1
水——カップ½
A［ 酒、砂糖、しょうゆ——各大さじ2

作り方
1　ゴーヤは縦半分に切り、種とワタをとり除いて5mm幅に切る。豚肉は大きければ一口大に切る。
2　フライパンにサラダ油を熱し、豚肉を炒める。色が変わったら分量の水を加え、煮立ったらゴーヤ、Aを加え、落としぶたをして弱めの中火で5～6分煮る。落としぶたをとり、煮汁がなくなるまで煮る。

炒めるときゅうり特有の青臭さが抜け、
生とは違ったおいしさが味わえます。

# きゅうりの中華炒め

**材料（2人分）**
きゅうり —— 3本 (300g)
干しえび —— 大さじ1
しょうがのみじん切り —— 小さじ1
ザーサイのみじり切り（味つけ）—— 大さじ1
ねぎのみじん切り —— 大さじ3
サラダ油 —— 大さじ1
豆板醤 —— 小さじ½
A ┌ 酒、しょうゆ —— 各大さじ½
  │ 砂糖 —— 小さじ½
  └ こしょう —— 少々
ごま油 —— 小さじ½

**作り方**
1 きゅうりは長めの乱切りにする。干しえび→
  はさっと洗い、水けを拭きとって粗みじん
  に切る。
2 フライパンにサラダ油を熱し、干しえび、
  しょうが、豆板醤を入れて弱火で炒め、香
  りが出たらきゅうりを加えて強めの中火で
  2〜3分炒める。きゅうりの生っぽさが消
  えたら、ザーサイ、ねぎ、Aを加え、手早
  く炒め合わせ、ごま油で香りをつける。

回しながら包丁を斜めに
入れ、大きさを揃えて切り
ます。断面が広く味がしみ
やすい乱切りは、炒めも
のにぴったりの切り方。

# たたききゅうりと豚しゃぶのサラダ

豚しゃぶと合わせたら、
主役級のおいしさ。ごまだれが決め手です。

**材料（2人分）**
きゅうり —— 2本 (200g)
豚ロース肉（しゃぶしゃぶ用）—— 100g
ごまだれ
 ┌ 練りごま —— 大さじ1
 │ 砂糖 —— 小さじ2
 │ 豆板醤 —— 小さじ⅕
 │ しょうゆ —— 大さじ1
 └ 酢 —— 小さじ1

**作り方**
1 きゅうりはすりこぎなどでたたいて縦にヒビ→
  を入れ、5cm長さに切る。
2 鍋に熱湯を沸かし、豚肉を2〜3枚ずつ
  入れて泳がせるようにしてゆで、色が変わ
  ったら冷水にとって冷まし、粗熱がとれた
  らざるに上げる。
3 ごまだれを作る。ボウルに練りごま、砂糖、
  豆板醤を入れ、しょうゆを少しずつ加えて
  のばし、酢を混ぜる。
4 器に1、2を盛り、3をかける。

すりこぎや木ベラで程よく
つぶすようにたたくと、味
がなじみやすくなります。
果肉がつぶれるくらいにた
たくのがコツ。

# とうもろこしの かき揚げ

生のとうもろこしが手に入ったら
ぜひ試して欲しい、夏のごちそう。
サクサクの衣をまとい、加熱して
甘みを増した、プチプチとうもろこしが絶品！

とうもろこしを立て、包丁
で実をそぎ落とします。膜
があると油がはねる場合
があるので、膜を破るよう
浅めにこそぎます。

揚げ油に入れるのは、一
度に4個ずつくらい。周り
がかたまるまで触らず、途
中で返し、ゆっくりと揚げ
ます。

## 作り方

1　とうもろこしは皮をむいて長さを半分に割
　り、包丁で実を浅くこそげる。

2　衣を作る。ボウルに分量の水を入れ、小
　麦粉を加えて菜箸で軽く混ぜる。

3　**2** の衣に **1** のとうもろこしを入れ、混ぜる。

4　揚げ油を160℃に熱し、**3** をスプーンですく
　って静かに落とし入れる。3～4分かけて
　カラッと揚げ、とり出して油をきる。残り
　も同様に揚げる。器に盛り、粗塩をふる。

## 材料（2人分）

とうもろこし ──── 1本
衣
　┌ 水 ──── カップ¼
　└ 小麦粉 ──── カップ¼強 (30g)
揚げ油 ──── 適量
粗塩 ──── 少々

# いんげんと玉ねぎのサラダ

シンプルサラダは、さやいんげんの
ゆで方が肝心。やわらかめに、
でも少し歯応えが残るくらいにゆで上げます。
さらし玉ねぎでシャキシャキ感をプラス。

材料（2人分）
さやいんげん ——— 1パック (100g)
玉ねぎ ——— ⅙個
ドレッシング
┌ 塩 ——— 小さじ¼
│ こしょう ——— 少々
│ 酢 ——— 大さじ½
└ サラダ油 ——— 大さじ1

作り方
1　いんげんはヘタをとり、5cm長さ1cm幅の斜
　め切りにする。玉ねぎは繊維に沿って薄切
　りにし、水にさらして水けをきる。
2　鍋に熱湯を沸かして塩少々（分量外）を入
　れ、いんげんを入れて色よくなるまで3〜→
　4分ゆでる。流水で粗熱をとり、水けをよ
　くきる。
3　ボウルにドレッシングの材料を混ぜ合わせ、
　2、玉ねぎを入れてあえる。

いんげんに爪がスーッと入
るくらいまでゆでると、少
し歯応えが残り、程よい
やわらかさになります。

# いんげんのクタクタ煮

見た目はいたって地味ですが、白いごはんが
とにかく進む常備菜。
いんげんに甘辛い煮汁を含ませながら、
茶色くくったりとするまでじっくり煮上げます。

材料（2人分）
さやいんげん ——— 2パック (200g)
煮汁
┌ 酒、みりん ——— 各大さじ1
│ 水 ——— 大さじ4
│ しょうゆ ——— 大さじ1
└ 砂糖 ——— 小さじ1

作り方
1　いんげんはヘタを切り、長さを半分に切る。
2　鍋に煮汁の酒、みりんを入れて火にかけ、
　煮立ててアルコール分をとばし、分量の
　水、しょうゆ、砂糖を入れる。再び煮立っ
　たら、いんげんを入れ、落としぶたと鍋ぶ
　たをして弱めの中火で7〜8分煮る。落と
　しぶただけにし、煮汁がなくなるまでさら
　に15分ほど煮る。好みで削り節をふっても。

# スナップえんどうといかのイタリアン炒め

さや豆の中でも歯応えがあり、
甘みが強いスナップえんどう。
少ない水分で蒸し炒めにし、
その特徴をいかします。グリーンが映える
いかを合わせたら、目からも食欲が湧きます。

## 作り方

1 スナップえんどうは筋をとり、大きいものは斜め半分に切る。

2 いかは足を引き抜いてワタを引き出す。軟骨をとり、胴はエンペラをつけたまま皮をむき、1.5cm幅の輪切りにする。足はワタを切り離し、目とくちばしをとって吸盤をそぎとる。足先を切り落として2〜3本ずつに切り分ける。

3 フライパンにオリーブ油を熱し、にんにく、赤唐辛子を入れて弱火で炒める。香りが出たらスナップえんどうを入れて中火でさっと炒め、水大さじ1（分量外）をふってふたをし、1分ほど蒸し焼きにする。スナップえんどうが色鮮やかになったら2のいかを入れて炒め、色が変わったら、塩、粗びき黒こしょうで調味し、手早く炒め合わせる。

なり口（白い糸のほう）をポキッと折り、そのままスーッと下に引き、ヘタのすぐ下を折って、逆側の筋をとります。この方法なら、一度に上下の筋がとれます。

## 材料（2人分）

スナップえんどう —— 大1パック（150g）
いか（やりいか）—— 小4はい（300g・するめいかの場合は1ぱい（300g））
にんにく（つぶす）—— 1かけ
赤唐辛子（種をとる）—— 1本
オリーブ油 —— 大さじ1½
塩 —— 小さじ⅓
粗びき黒こしょう —— 少々

## ピリ辛
## 肉じゃが

コチュジャンとにんにくを利かせた、
韓国風肉じゃが。ホクホクと甘いじゃがいもが
辛みをやわらげ、絶妙なバランスです。
牛肉に下味をつけておく方法なら、
肉自体もおいしくなります。

肉に下味をもみ込んでおく
のは韓国風の作り方。肉
に味がよくなじみます。

じゃがいもは表面が透き
通ってくるまで炒めると、
味がよく染み込み、ほっく
りと仕上がります。

### 作り方

1　じゃがいもは一口大に切る。玉ねぎは2cm
　　幅のくし形切りにする。牛肉は大きいもの
　　は食べやすく切り、Aをもみこんで下味を
　　つける。
2　フライパンに油をひかずに1の牛肉を入れ、
　　ほぐしながら中火で炒め、色が少し変わっ
　　たら、じゃがいもを加えて3分ほど炒める。
　　じゃがいもが透き通ってきたら、玉ねぎを
　　加えて1分ほど炒める。
3　油が全体に回ったら、分量の水を加え、
　　ふたをして弱めの中火でときどき上下を返
　　しながら15～20煮る。煮汁が少なくな
　　れば、煮上がり。

### 材料（2人分）

じゃがいも（男爵）────2個
玉ねぎ────1個
牛薄切り肉────150g
A┌酒、しょうゆ、砂糖
　│────各大さじ1½
　│コチュジャン────大さじ½
　│ごま油────大さじ1
　└おろしにんにく────小さじ1
水────カップ1

## シンプルポテトサラダ

じゃがいものゆで方、
玉ねぎの塩もみ。シンプル味だからこそ
丁寧な下ごしらえがおいしさのカギ。

### 材料（2人分）
じゃがいも —— 2個
玉ねぎ —— 1/4個
A[ レモン汁、塩、こしょう —— 各少々
ソース
　[ マヨネーズ —— 大さじ4
　  レモン汁 —— 小さじ1
　[ 塩、こしょう —— 各少々
粗びき黒こしょう —— 少々

やわらかくなるまでゆでたら、ゆで汁を捨て、ふたをして火にかけながら揺すって水分をとばし、粉ふきいもにします。

### 作り方
1 じゃがいもは2cmの厚さのいちょう切りにする。鍋に入れ、じゃがいもの高さ半分くらいまで水を入れ、ふたをして火にかけ、煮立ったら弱火にして竹串がスーッと通るまで7～8分ゆでる。
2 玉ねぎは縦薄切りにし、冷水に1～2分つけ、2～3回もみ洗いして水けをしっかりと絞る。
3 1の湯を捨てて粉ふきにし、ボウルに移してAを加えて混ぜる。粗熱がとれたら2、ソースを加えてあえる。器に盛り、粗びき黒こしょうをふる。

いつもの材料で作る、素朴な炒めもの。
表面カリカリのじゃがいもが美味！

## ジャーマンポテト

### 材料（2人分）
じゃがいも —— 2個
玉ねぎ —— 1/2個
ソーセージ —— 3本
オリーブ油 —— 大さじ1 1/2
塩 —— 小さじ1/4
こしょう —— 少々

電子レンジで中までやわらかく加熱しておき、フライパンで表面をカリカリにすれば、時間と手間が短縮。

### 作り方
1 じゃがいもは1cm厚さの半月に切る。耐熱容器に入れ、ラップをかけて電子レンジで約3分加熱する。玉ねぎは横1cm幅に切り、ほぐす。ソーセージは斜め半分に切る。
2 フライパンにオリーブ油を熱し、じゃがいもを入れ、ときどき混ぜながら中火で7～8分炒める。
3 じゃがいもが薄く色づいたら、玉ねぎ、ソーセージを加えて炒め合わせ、焼き色がついたら塩、こしょうで調味する。

# じゃがいもとたらのコロッケ

ゆでるときの水分は多すぎても少なすぎてもおいしくできません。途中ふたがカタカタしたら、ふたをずらしてのせます。

じゃがいもは熱いうちにフォークでザクザクとつぶします。

作り方

1　じゃがいもは大きめの一口大に切る。鍋に入れ、じゃがいもの高さ半分くらいまで水を入れ、ふたをして火にかけ、煮立ったら弱火にして竹串がスーッと通るまで15分ほどゆでる。

2　塩だらは皮をとり除き、1.5cm大に切る。

3　フライパンにサラダ油を熱し、玉ねぎを入れて炒め、透き通ってきたら塩だらを加えて炒め合わせ、色が変わったら塩、こしょうをふって調味する。

4　1のじゃがいものゆで汁を捨て、弱火にかけながら揺すって水分をとばし、粉ふきにする。火からおろし、熱いうちにマッシャーかフォークでつぶし、3を加えて混ぜる。6等分にして俵型に成形し、小麦粉、溶き卵、パン粉の順に衣をつける。

5　揚げ油を170℃に熱し、4を入れ、2分ほどしたら返し、きつね色になり中が熱くなるまでさらに2〜3分揚げる。器に盛り、キャベツとソースを添える。

ポルトガル料理のじゃがいもと干しだらのコロッケを手軽にアレンジ。塩だらの塩けと風味を、じゃがいものほのかな甘みがやさしく包み込みます。ワインやビールのお供にも！

材料（2人分）
じゃがいも ―― 2個（300g）
塩だら ―― 1〜2切れ（150g）
玉ねぎのみじん切り ―― ½個分
サラダ油 ―― 大さじ1½
塩 ―― 小さじ⅓
こしょう ―― 少々
衣
┌ 小麦粉 ―― 適量
│ 溶き卵 ―― 1個分
└ パン粉 ―― 適量
揚げ油 ―― 適量
キャベツのせん切り ―― 1〜2枚分
好みのソース ―― 適量

# カッテージパイ

マッシュポテトと炒めたひき肉を重ね、
チーズをかけてオーブン焼きに。
まるでポテトコロッケのような味わいです。
焼き立てのアツアツを
いただきましょう。

## 材料（2人分）

マッシュポテト
- じゃがいも —— 2個 (300g)
- 牛乳 —— カップ1/3
- バター —— 大さじ1
- 塩 —— 小さじ1/4
- こしょう —— 少々

肉だね
- 合いびき肉 —— 100g
- 玉ねぎのみじん切り —— 1/2個分
- サラダ油 —— 大さじ1/2
- 塩 —— 小さじ1/3
- こしょう —— 少々

パルメザンチーズ —— 大さじ1
パン粉 —— 大さじ2

## 作り方

1　マッシュポテトを作る。じゃがいもは一口大に切る。鍋に入れ、じゃがいもの高さ半分くらいまで水を入れ、ふたをして火にかけ、煮立ったら弱火にして竹串がスーッと通るまで15分ほどゆでる。じゃがいものゆで汁を捨て、弱火にかけながら揺すって水分をとばし、粉ふきにする。熱いうちにマッシャーまたはフォークでつぶす。

2　耐熱容器に牛乳を入れて電子レンジで約1分加熱し、1の鍋に加え、バター、塩、こしょうを入れ、木ベラで手早くかき混ぜる。

3　肉だねを作る。フライパンにサラダ油を熱し、玉ねぎを入れてしんなりするまで炒め、ひき肉を加えて炒め、色が変わったら塩、こしょうで調味する。

4　耐熱容器に2の半量を平らに敷き、3を広げて入れ、残りの2をかぶせて平らにする。パルメザンチーズ、パン粉をかけ、220℃のオーブンで15〜20分焼く。

粉ふきにしたじゃがいもに、温めた牛乳を加えてのばし、マッシュポテトを作ります。

里
い
も
と
い
か
の
煮
も
の

粘りのある里いも、プリッと弾力のある
いかがおいしい煮もの。里いものぬめりを
いかして下ゆでせずにじか煮にし、
甘みがしっかりあるこってり味に仕上げます。

水洗いして泥を落としたら、
ざるにのせて自然乾燥さ
せます。

水けがあるとぬめりが出て
むきにくいですが、乾かし
てからなら滑らず、皮がむ
きやすくなります。

作り方

1　里いもはきれいに洗って泥を落とし、少し
　　乾かしてから皮をむく。

2　いかは足を引き抜いてワタを引き出す。軟
　　骨をとり、胴は皮つきのまま1.5cm幅の輪
　　切りにする。足はワタを切り離し、目とく
　　ちばしをとって吸盤をそぎとる。足先を切
　　り落として3～4本ずつに切り分ける。

3　鍋に里いも、分量の水を入れて火にかけ、
　　煮立ったらいかを加え、ひと煮して色が変
　　わったら出てきたアクをとり除く。調味料
　　を加え、落としぶたをして里いもがやわら
　　かくなるまで、15～20分煮る。

材料（2人分）

里いも ───── 6～7個（400g・正味300g）
いか（するめいか）───── 1ぱい（300g）
煮汁
┌ 水 ───── カップ1
│ 酒、みりん、しょうゆ
│ ───── 各大さじ2
└ 砂糖 ───── 大さじ1½

# 里いもと薬味のサラダ

ねっとり里いもと対照的なシャキシャキ薬味をアクセントにした、新感覚のサラダ。
里いもは味が淡泊なので、香ばしくてコクのあるごまだれがよく合います。

材料 (2人分)
里いも ——— 3個 (250g)
みょうが ——— 2個
貝割れ菜 ——— 1/3パック
万能ねぎ ——— 6本 (20g)
ごまだれ
┌ 練りごま ——— 大さじ1
│ 砂糖 ——— 小さじ2
│ しょうゆ ——— 大さじ1
└ 酢 ——— 小さじ1

作り方

そのまま食べるときは、電子レンジで加熱してから皮をむくとつるりとむけます。キッチンペーパーを使うと手軽。

1　里いもはきれいに洗い、耐熱容器に入れ、ラップをかけて電子レンジで6〜7分加熱する。皮をむき、一口大に切る。
2　みょうがは小口切りにし、流水でほぐし洗いし、水けをきる。貝割れ菜は根元を切り落とし、長さを3等分に切る。万能ねぎは小口切りにする。全部を混ぜ合わせる。
3　ごまだれを作る。ボウルに練りごま、砂糖を入れ、しょうゆを少しずつ加えてのばし、酢を混ぜる。
4　1、2をざっくりあえて器に盛り、3をかける。

# 里いものグラタン

レンジ加熱した里いもに、しらす、生クリーム、チーズをかけて焼くだけ！
里いものつるんとした舌触りととろーりクリームが、やさしい味を作ります。

材料 (2人分)
里いも ——— 4個 (300g)
しらす干し ——— 大さじ3
塩、こしょう ——— 各少々
生クリーム ——— カップ1/2
ピザ用チーズ ——— 40g

作り方

1　里いもはきれいに洗い、耐熱容器に入れ、ラップをかけて電子レンジで6〜7分加熱する。皮をむき、1cm厚さの輪切りにする。
2　耐熱容器に1を並べ、塩、こしょうをふり、しらす干し、生クリーム、ピザ用チーズを順にかけ、200℃のオーブンで20〜25分焼く。

## 長いもと豚肉の炒めもの

長いもは加熱すると、シャキシャキに
ホクッとした食感が加わります。炒めるというより、
こんがりと焼きつけるのがポイント。
味出しの豚こま、香りを添える万能ねぎを加えて。

使う長さに切ってから皮を
むくとむきやすいです。

片栗粉は炒める直前にま
ぶします。とろみがつき、
全体の味がまとまります。

### 作り方

1　長いもは5cm長さに切って皮をむき、2cm
　幅5mm厚さの短冊切りにする。万能ねぎは
　4〜5cm長さに切る。豚肉はAで下味をつ
　ける。

2　フライパンにサラダ油大さじ½を熱し、1の
　豚肉に片栗粉をまぶして入れて炒め、豚肉
　の色が変わったらとり出す。

3　2のフライパンにサラダ油大さじ½を熱し、
　長いもを入れ、ときどき返しながら中火で
　7〜8分焼きつける。長いもが透き通って
　両面がカリッとしたら、豚肉を戻し入れ、
　万能ねぎを加えて炒め合わせ、塩、こしょ
　うで調味する。

### 材料（2人分）

長いも ―――― 250g（正味200g）
万能ねぎ ―――― 3本（30g）
豚こま切れ肉 ―――― 100g
A ┌ 塩 ―――― 少々
　└ 酒 ―――― 小さじ1
サラダ油 ―――― 大さじ1
片栗粉 ―――― 小さじ1
塩 ―――― 小さじ⅓
こしょう ―――― 少々

## せん切り長いものめんつゆがけ

長いもならではの食感をいかすなら、
生のまません切りで食べるのが一番！
長いも同様のネバネバ野菜・オクラを合わせ、
手作りめんつゆをかければ、おいしさもひとしお。

材料（2人分）
長いも——5cm長さ（100g）
オクラ——2本
めんつゆ（作りやすい分量）
　だし——カップ½
　酒、みりん、しょうゆ——各大さじ1½
おろしわさび——適量

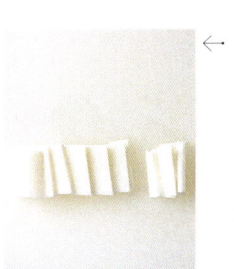

滑りやすいので、ずらして
重ね、端からせん切りにし
ます。

作り方
1　長いもは5cm長さに切って皮をむき、繊維
に添って5mm厚さに切り、ずらして重ねて
繊維に添って5mm幅に切る。オクラはガク
の回りをぐるりとそぎとって塩少々（分量
外）でこすり、熱湯でゆでて冷水で冷まし、
小口切りにする。
2　めんつゆを作る。酒、みりんを鍋に入れて
煮立て、だし、しょうゆを加えてひと煮し、
火を止めて冷ます。
3　器に長いもを盛り、オクラをのせ、2のめ
んつゆ大さじ1をかけ、おろしわさびを添
える。

## とろろごはん

**大和いも**

粘りの強い大和いもをすりおろし、
麦ごはんにかけます。
昔から滋養強壮にいいとされるごはんです。

材料（2人分）
大和いも——200g
だし——カップ½
しょうゆ——小さじ1
塩——少々
麦めし
　米——2合（360mℓ）
　押麦——1本（50g）
青のり——適量

手で持つ部分の皮を残し
てすりおろすと、手がかゆ
くなりません。すり鉢がな
い場合は、おろし金で代
用しても。

作り方
1　米は洗ってざるに上げ、押麦と一緒に炊
飯器に入れ、袋の表示通りに水加減をし
て炊く。
2　大和いもは持つところを残して皮をむき、
すり鉢ですりおろす。だしを加えて混ぜな
がらのばし、しょうゆ、塩で調味する。
3　茶碗に1を盛り、2をかけ、青のりをふる。
好みでしょうゆ少々をかける。

## ブロッコリーとかにの卵炒め

ブロッコリーの緑に、かにの赤、卵の黄色が
目にも鮮やかな、食欲を誘う炒めものです。
しょうがや酒を利かせることで、
薄味なのにうまみたっぷり！

### 作り方

1 ブロッコリーは小房に分け、大きいものは
さらに半分～4等分に切る。茎は皮を厚
めにむき、5mm厚さに切る。

2 かには軟骨をとって大きくほぐし、Aをふ
って下味をつける。卵は割りほぐす。

3 フライパンにサラダ油を熱し、ブロッコリ
ーを入れてさっと炒める。分量の水を加え、
煮立ったらふたをして5～6分煮て、酒、
塩で調味し、水溶き片栗粉でとろみをつ
ける。かにを加えてひと煮し、溶き卵を流
し入れて大きく混ぜ、とろりと半熟に仕上
げて、ごま油を回しかける。

花蕾が枝分かれしている
ところに、包丁の刃先を入
れ、1つずつ切り離します。

茎は筋っぽいので、皮を
厚めにむいて使います。

### 材料（2人分）

ブロッコリー────1株 (250g)
かにの身────3本 (50g)
卵────2個
A┌ おろししょうが────小さじ½
 └ 酒────大さじ½
サラダ油────大さじ½
水────カップ1
酒────大さじ½
塩────小さじ½
水溶き片栗粉
 ┌片栗粉────小さじ1
 └水────小さじ2
ごま油────小さじ½

118

# くたくた ブロッコリーの パスタ

口の中でほろりとくずれるくらい、やわらかく
ブロッコリーをゆでるのが最大のポイントです。
素材の持つ甘みが引き出され、
パスタによくからみます。

## 材料（2人分）
ブロッコリー————1株 (250g)
スパゲッティ (1.6mm)————160g
にんにく (つぶす)————1かけ
赤唐辛子 (種をとる)————1本
オリーブ油————大さじ 4
塩、こしょう————各少々

## 作り方

ブロッコリーはスパゲッティをゆでている湯に、ゆで時間を逆算して加え、一緒にゆで上げます。

1　ブロッコリーは小房に分け、茎は皮を厚めにむき、薄切りにする。
2　鍋に湯 1.5ℓ を沸かし、塩大さじ½（各分量外）を入れ、スパゲッティを入れ、袋の表示通りにゆでる。ゆで上がり 5 ～ 6 分前にブロッコリーを加え、一緒にゆでる。
3　フライパンにオリーブ油、にんにく、赤唐辛子を入れて弱火にかけて、香りが出るまで炒める。
4　ゆで上がったスパゲッティとブロッコリーを 3 に入れ、ゆで汁大さじ 3 ～ 4 を加え、ブロッコリーを少しくずすように炒め、塩、こしょうで調味する。

# ゆでブロッコリーの 明太マヨがけ

簡単だからこそ、ゆで方にこだわります。
少しかたいかな？ くらいでざるに上げ、
そのまま余熱で火を通すとちょうどよいゆで加減に。
明太マヨソースで、間違いなしのうまさ。

## 材料（2人分）
ブロッコリー————1株 (250g)
明太マヨネーズ
  ┌ 明太子————⅓腹 (40g)
  └ マヨネーズ————大さじ 2

## 作り方

かためにゆで、ざるに上げて余熱で火を通します。

1　ブロッコリーは小房に分け、大きいものは半分に切る。茎は皮を厚めにむき、5mm厚さに切る。明太子は皮から身をこそぎ出し、マヨネーズを混ぜ合わせる。
2　鍋に熱湯を沸かし、塩少々（分量外）を入れ、ブロッコリーの茎を入れ、ひと呼吸おいて房を入れてゆでる。色鮮やかになったらざるに上げて粗熱をとる。
3　器に 2 を盛り、明太マヨネーズをかける。

## アスパラとえびの春巻き

アツアツの揚げたてが何よりおいしい春巻き。
カリカリの皮とホクホクのアスパラガス、
プリップリのえびが三位一体となり、
口の中でおいしいハーモニーを奏でます。

### 作り方

1　アスパラガスは<u>根元1cmを切り落とし、根元5cmほどの皮をむき</u>、1cm長さに切る。えびは殻をむいて背ワタをとり除き、さっと洗って水けをよく拭き、1cm長さに切る。
2　ボウルに**1**、Aを入れてざっと混ぜ、10等分にする。
3　春巻きの皮に**2**をのせ、細長く包み、縁に糊をつけて、しっかりととめる。
4　揚げ油を150℃に熱して**3**を入れ、5〜6分かけて皮が香ばしい色になるまで揚げる。

### 材料（10本分）

グリーンアスパラガス —— 小2束 (200g)
えび —— 小10尾 (150g)
A ┌ 小麦粉 —— 大さじ1½
　├ 塩 —— 小さじ⅓
　└ こしょう —— 少々
春巻きの皮 —— 10枚
糊
　┌ 小麦粉 —— 大さじ1
　└ 水 —— 大さじ½
揚げ油 —— 適量

かたい根元を切り落とし、下の方の筋が多い部分はピーラーで皮をむきます。

# アスパラガスの肉巻き焼き

細長いフォルムをいかし、肉巻きにしても
おいしいアスパラガス。ゆでずに生のまま肉で
巻いて焼くと、少し歯応えが残ります。
牛肉の代わりに豚肉でも。

材料（2人分）
グリーンアスパラガス ——— 1束 (5本・150g)
牛もも肉 (しゃぶしゃぶ用) ——— 100g
合わせ調味料
┌ しょうゆ、みりん ——— 各小さじ 2
└ 砂糖 ——— 小さじ 1
サラダ油 ——— 小さじ 1

作り方
1 アスパラガスは根元 1cm を切り落とし、根
元 5cm ほどの皮をむき、長さを半分に切る。
← 2 牛肉を 10 等分にし、1 をのせてくるくると
巻く。合わせ調味料は混ぜ合わせる。
3 フライパンにサラダ油を熱し、2 の巻き終
わりを下にして入れ、中火で焼く。焼きか
たまったら転がしながら 4 〜 5 分焼き、
表面全体に焼き色をつける。
4 合わせ調味料を加え、ときどき返しながら
煮汁が少なくなるまで煮からめる。

肉を縦長におき、アスパ
ラガスをのせてクルクルと
巻きます。肉が少ないとき
は、肉に対してアスパラ
ガスを斜めに巻いて。

# アスパラガスの焼き浸し

焼き色がつくまで焼いたアスパラガスは、
甘みとうまみが凝縮し、しかもジューシー。
焼きたてを浸し地につけ、
冷ましながら味を含ませます。

材料（2人分）
グリーンアスパラガス ——— 1束 (150g)
浸し地
┌ だし ——— カップ½
│ 酒、みりん、しょうゆ ——— 各大さじ 1½
└ 塩 ——— 少々

作り方
1 アスパラガスは根元 1cm を切り落とし、根
元 5cm ほどの皮をむく。
2 鍋に浸し地の材料を入れて煮立てる。火
からおろし、器にとって粗熱をとる。
3 熱した魚焼きグリルに 1 をのせ、竹串がス
ーッと通るまで 4 〜 5 分焼き、とり出す。
長さを 4 等分に切って 2 に浸し、そのま
ま粗熱をとりながら味を含ませる。

もやしを1袋分、ひき肉よりも多めに加えた
ヘルシーハンバーグ。シャキシャキの歯応えが
アクセントになり、あっさりと食べられます。
もやしは、下加熱なしで
肉だねに混ぜられるのも魅力。

# もやし ハンバーグ

## 作り方

1 もやしはひげ根をとり、きれいに洗って水けをよく拭きとる。

2 ボウルにAを入れてよく練り混ぜ、1を加え、手でポキポキと折りながら混ぜ合わせ、4等分にしてハンバーグ形にする。

3 フライパンにサラダ油を熱し、2を入れ、ふたをずらしてのせ、弱めの中火で3分ほど焼く。きれいな焼き色がついたら返し、再びふたをずらしてのせ、弱火で5〜6分焼く。中央が膨らみ、竹串で刺して透明な汁が出てきたら焼き上がり。

4 器に盛り、ベビーリーフを添え、混ぜ合わせたソースをかける。

## 材料 (2人分)

もやし――――1袋 (200g)
A ┌ 合いびき肉――――150g
  │ 卵――――1個
  │ パン粉――――カップ⅓
  │ 塩――――小さじ⅓
  └ こしょう――――少々
サラダ油――――大さじ1
ベビーリーフ――――適量
ソース
 ┌ トマトケチャップ――――大さじ2
 └ ウスターソース――――大さじ1

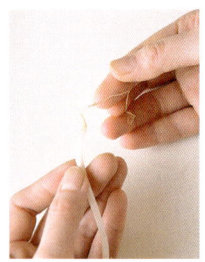

ひげ根は舌触りが悪いので、丁寧にとり除きます。逆側の黄色い芽の部分はとらなくても大丈夫。

もやしは手ですぐに折れるので、ポキポキ折りながら混ぜます。

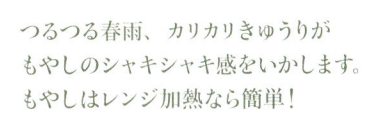

# もやしの中華サラダ

つるつる春雨、カリカリきゅうりが
もやしのシャキシャキ感をいかします。
もやしはレンジ加熱なら簡単！

材料（2人分）
もやし —— 1袋 (200g)
春雨 (乾燥) —— 15g
きゅうり —— 小1本
ロースハム —— 2枚
しょうゆドレッシング
 ┌ しょうゆ、酢 —— 各大さじ1½
 │ ごま油 —— 大さじ1
 │ 砂糖 —— 小さじ½
 └ 白すりごま —— 大さじ1½

作り方

1 もやしはひげ根をとり、きれいに洗って水
けをよく拭きとる。耐熱容器に入れ、ラップをかけて電子レンジで2分加熱し、そのまま冷めるまでおき、ざるに上げて水けをきる。

2 春雨はたっぷりの熱湯につけてもどし、流水でざっと洗って水けをきり、食べやすい長さに切る。きゅうりは斜め5mm厚さに切り、5mm幅の細切りにする。ハムは半分に切り、細切りにする。

3 ドレッシングの材料を混ぜ合わせ、1、2を加えてあえる。

レンジで加熱したら、ラップをかけたまましばらくおき、余熱で中まで火を通します。

# 豚もやし炒め

仕上げにふりかけたレモン汁で
いつもの塩こしょう炒めが
さわやか味に変身します。

材料（2人分）
もやし —— 1袋 (200g)
豚こま切れ肉 —— 100g
塩 —— 適量
サラダ油 —— 大さじ1
粗びき黒こしょう —— 少々
レモン汁 —— 大さじ½〜1

作り方

1 もやしはひげ根をとり、きれいに洗って水けをよく拭きとる。豚肉は大きいものは一口大に切り、塩少々をふる。

2 フライパンにサラダ油を熱して豚肉を炒め、肉の色が変わって水分がとんだら、もやしを加え、強めの中火で炒める。塩小さじ¼、粗びき黒こしょうをふり、もやしがしんなりするまで炒め、レモン汁をかける。

きのこを水分がなくなるまでしっかり炒め、
卵液と合わせてオーブン焼きするだけ。
手軽にできるのに、ごちそう感のある
メニューです。きのこの香りが、口いっぱいに！

## きのこの皮なしキッシュ

きのこ類は根元の先のかたい部分＝石づきを切り落とします。

### 作り方

1. きのこ類は石づきを落とし、しいたけは縦半分に切って5mm幅に切り、しめじはほぐす。マッシュルームはキッチンペーパーで汚れを拭き、縦半分にして薄切りにする。ベーコンは1cm幅に切る。
2. フライパンにサラダ油を熱し、1を入れ、強めの中火で水分がなくなるまで炒める。
3. 卵液を作る。ボウルに卵を割りほぐし、残りの材料を加え、混ぜ合わせる。
4. 耐熱容器に2、ピザ用チーズを均一に入れ、3を流し込み、180℃のオーブンで25～30分焼く。表面が少し膨らみ、焼き色がついたら焼き上がり。

### 材料（2人分／直径12cm 高さ3cmタルト型2台分）

- しいたけ —— ½パック (50g)
- しめじ —— 小½パック (50g)
- マッシュルーム —— ½パック (50g)
- ベーコン —— 2枚 (30g)
- 卵液
  - 卵 —— 2個
  - 牛乳 —— カップ1
  - 生クリーム —— カップ¼
  - 塩 —— 小さじ½
  - こしょう —— 少々
- サラダ油 —— 大さじ½
- ピザ用チーズ —— 40g

## きのこのクリームパスタ

きのこは香りと歯応えを楽しむもの。
クリームソースを合わせると、その両方が
際立ちます。粗びき黒こしょうをふり、
キリッと味を引き締めて。

### 作り方

1　きのこ類は石づきを落とし、<u>マッシュルームはキッチンペーパーで汚れを拭きとって5mm幅の薄切りに、しめじはほぐす。エリンギは縦横半分に切り、縦に薄く切る。ベーコンは1.5cm幅に切る。

2　鍋に湯1.5ℓを沸かし、塩大さじ½（各分量外）を入れ、ペンネを入れ、袋の表示通りにゆでる。ゆで汁少量をとっておく。

3　フライパンにオリーブ油を熱し、ベーコンを入れてさっと炒め、1のきのこを加えて炒め、水分をとばす。

4　2のペンネがゆで上がったら3のフライパンに入れ、ソースの材料を加えて手早くからめ、様子を見てゆで汁カップ½を加えてあえる。

5　器に盛り、好みでパルメザンチーズ、粗びき黒こしょうをふる。

きのこは洗うと風味が抜けてしまうので、洗わずにキッチンペーパーで汚れを拭きとります。

### 材料（2人分）

マッシュルーム ――― 1パック (100g)
しめじ ――― 小1パック (100g)
エリンギ ――― 1パック (100g)
ベーコン ――― 2枚 (30g)
ペンネ ――― 160g
オリーブ油 ――― 大さじ1
ソース
　┌ 生クリーム ――― カップ½
　│ パルメザンチーズ ――― 20g
　│ 塩 ――― 小さじ¼
　└ 粗びき黒こしょう ――― 小さじ½
パルメザンチーズ、粗びき黒こしょう
　――― 各適量

## ミックスきのこのマリネ

3種のきのこをじっくりと焼き色がつくまで炒め、
うまみをギュッと詰めこんだマリネ。
日持ちするので多めに作り、
パンにのせたり、パスタにしたり。

水分が出ても炒め続け、
焼き色がつくまで炒めます。
あまり動かさず、焼きつけ
るようにするのがコツ。

### 作り方

1 しめじは石づきを落とし、小房に分ける。
　まいたけは小房に分ける。エリンギは縦横
　半分に切り、縦5mm幅に切る。

2 フライパンにオリーブ油、にんにく、赤唐
　辛子を入れて弱火で炒め、香りが出てきた
　ら、1を加えて強火で4〜5分炒める。水
　分がなくなったら、塩、こしょうで調味する。

3 火から下ろし、レモン汁、パセリを加えて
　混ぜる。

※保存容器に入れ、冷蔵庫で1週間保存可。

### 材料（2人分）

しめじ ------- 大1パック (200g)
まいたけ ------- 1パック (100g)
エリンギ ------- 1パック (100g)
にんにくの薄切り ------- 1かけ分
赤唐辛子 (種をとる) ------- 1本
オリーブ油 ------- 大さじ1½
塩 ------- 小さじ½
こしょう ------- 少々
レモン汁 ------- 大さじ½
パセリのみじん切り ------- 大さじ2

126

# きのこ汁

自然のとろみがおいしい、きのこたっぷりの
椀ものです。きのこは何でもいいのですが、
とろみの強いなめこは必ず加え、
3種類くらい合わせるのがお約束。

材料（2人分）
しめじ —— 小½パック (50g)
しいたけ —— 2枚 (50g)
なめこ —— ½パック (50g)
三つ葉 —— ⅓パック (20g)
椀つゆ
┌ だし —— カップ2
│ 酒 —— 大さじ1
│ しょうゆ —— 小さじ1
└ 塩 —— 小さじ⅓

作り方
1 しめじとしいたけは石づきをとり、しめじ
は小房に分けて1cm長さに切る。しいたけ
は縦半分に切って薄切りにする。なめこは
ざるに入れ、流水でふり洗いする。三つ
葉は2〜3cm長さに切る。
2 鍋に椀つゆのだしを入れて火にかけ、煮立
ったら調味料を加え、きのこ類を入れてひ
と煮し、最後に三つ葉を入れて火を止める。

← なめこ特有のぬめりを軽く
とります。ゆでるとぬめり
がとれすぎてしまうので、
洗う程度に。

# なめたけ

手作りのなめたけは、甘さ控えめ。
くどくなく、いくらでも食べられます。
時間のある時に作っておくと、
ごはんのお供に酒のつまみに、と役立ちます。

材料（2人分）
えのきたけ —— 大2パック (400g)
煮汁
┌ 酒、みりん、しょうゆ —— 各大さじ2

作り方
1 えのきたけは根元を切り落とし、長さを3
等分に切り、ほぐす。
2 鍋に煮汁の材料を入れて火にかけ、煮立
ったら1を入れ、混ぜながら中火で6〜7
分、くたっとするまで煮る。
※保存容器に入れ、冷蔵庫で1週間保存可。

| | |
|---|---|
| デザイン | 佐藤芳孝 (サトズ) |
| 撮影 | 広瀬貴子 |
| スタイリング | 肱岡香子 |
| 調理アシスタント | 荻田尚子　泉名彩乃　清水美紀　小山佐代子 |
| 編集 | 飯村いずみ |
| 企画・編集 | 小林弘美(学研プラス) |
| 撮影協力 | UTUWA |

参考文献
『もっとからだにおいしい　野菜の便利帳』白鳥早奈英、板木利隆監修　高橋書店
『春夏秋冬 おいしいクスリ　旬の野菜の栄養事典　最新版』吉田企世子監修　エクスナレッジ

# くり返し作りたい 一生もの野菜レシピ

2017年10月3日　第1刷発行

| | |
|---|---|
| 著　者 | 石原洋子 |
| 発行人 | 鈴木昌子 |
| 編集人 | 南條達也 |
| 発行所 | 株式会社学研プラス |
| | 〒141-8415　東京都品川区西五反田 2-11-8 |
| 印刷所 | 大日本印刷株式会社 |

この本についてのご質問・ご要望は下記宛てにお願いいたします。
【電話の場合】◎編集内容については
　　　　　　　編集部直通　TEL03-6431-1483
　　　　　　　◎在庫・不良品（乱丁・落丁）については
　　　　　　　販売部直通　TEL03-6431-1250
【文書の場合】〒141-8418　東京都品川区西五反田 2-11-8
　　　　　　　学研お客様センター
　　　　　　　「くり返し作りたい一生もの野菜レシピ」係

※この本以外の学研商品に関するお問い合わせ
学研お客様センター　TEL03-6431-1002

学研の書籍・雑誌についての新刊情報・詳細情報は下記をご覧ください。
学研出版サイト　http://hon.gakken.jp/

石原洋子（いしはら ひろこ）

料理研究家。幼いころから母親と共に台所に立ち、「昼食は自分たちの手で」という食教育の自由学園に学ぶ。卒業後は、家庭料理、中国料理、フランス料理など各分野の第一人者に学び、料理家のアシスタントを務めたのち独立。自宅で開く料理教室は40年以上になる。確かな技術に基づく指導に定評があり、テレビや雑誌などで活躍中。著書は『くり返し作りたい　一生ものレシピ』(学研プラス)、『本当は秘密にしたい 料理教室のベストレシピ』(朝日新聞出版)、『ちょっとの油でサクッとおいしい「揚げない」揚げもの』(日本文芸社)など多数。